Andreas Burnier
# KNABENZEIT

# Andreas Burnier

Aus dem Niederländischen
von Waltraud Hüsmert

Verlag Klaus Wagenbach   Berlin

Die niederländische Originalausgabe erschien 1969 unter dem Titel *Het Jongensuur* bei Em. Querido's Uitgeverij in Amsterdam, die deutsche Erstausgabe 1993 beim Twenne Verlag in Berlin.

Wagenbachs Taschenbuch 759

© 1969 Andreas Burnier
Published by Uitgeverij Atlas Contact, Amsterdam
© 2016 für diese Ausgabe: Verlag Klaus Wagenbach,
Emser Straße 40/41, 10719 Berlin    www.wagenbach.de

Umschlaggestaltung: Julie August. Umschlagkarton: Uncoated Natural von Paperwise, Niederlande. Gesetzt aus der Chaparral Pro. Gedruckt auf chlor- und säurefreiem Papier von Schleipen und gebunden bei Pustet, Regensburg.
Printed in Germany. Alle Rechte vorbehalten.

ISBN: 978 3 8031 2759 4

# Inhalt

*Es ist ein weißes Pergament*
*Die Zeit, und jeder schreibt*
*Mit seinem roten Blut darauf,*
*Bis ihn der Strom vertreibt.*

Gottfried Keller

## Lichtstadt 1945

*O felice tu, o felice*
*Otra vez e otras mil sea*
*Imperio, en quien el primero*
*Triunfo son armas y letras!*

Pedro Calderón de la Barca

Sie standen hinter einem Gitter. Diesmal träumte ich nicht wie neulich, als ich zwei Priester und in ihrer Mitte einen Jungen in einem schwarzen Röckchen gesehen hatte. Was den Jungen betrifft, war ich mir nicht ganz sicher. Kleidung war sehr rar geworden, aber weshalb hätte er ausgerechnet ein verwaschenes, kurzes Baumwollröckchen tragen müssen?

Die Kriegsgefangenen waren real. Sie standen dichtgedrängt in einer Garage, deren Tor hochgeklappt und durch ein Gitter ersetzt war. Die meisten waren noch keine zwanzig, manche nicht älter als fünfzehn. Blond und benommen.

Sie dort stehen zu sehen, in ihrem schmalen Gefängnis, gab mir ein heißes Gefühl von Freiheit. Seit Tagen durchstreifte ich jetzt die Stadt, ohne Angst, aber auch ohne

**7**

Freude. Die vierzig jungen Männer in ihrem Käfig verschafften mir zum ersten Mal die Gewißheit, daß es vorbei war.

Ich ging zurück, blieb auf der anderen Straßenseite genau gegenüber der Garage stehen und schrie: »Moffen!« Sie hatten mich wohl nicht richtig verstanden, denn einer von ihnen deutete mit seinen Lippen einen Kuß an, und ein anderer winkte mir zu.

»*Komm mal her, du ...*«

Ich verstand ein wenig Deutsch. Hitler hatte uns gezwungen, es schon in der Grundschule zu lernen.

»*Nein*«, rief ich. »*Schweine!* Moffen!«

Nun reckte einer der Gefangenen die Faust. Ich wünschte mir, daß ein Kanadier vorbeikäme, um ihn zu erschießen. Unvorstellbar, daß wir es noch vor einem Monat gewagt hätten, die Faust zu schütteln.

»*Du wirst totgeschossen*«, rief ich über die Schulter, während ich weglief. Und weil ich das Wort zufällig auch kannte: »*Heute abend.*«

Sogar als Kriegsgefangene waren sie noch frech. Niemals würden wir sie alle und für immer einsperren können. Demnächst würden sie noch ihre Fabriken wiederaufbauen und neue Waffen produzieren. Eine Armee bekämen sie natürlich nicht mehr. Aber ein paar tausend Moffen mit einem Gewehr, im Garten vergraben oder zwischen alten Zeitungen auf dem Dachboden versteckt, die würden uns von neuem auf den Leib rücken. In ohnmächtiger Angst und voller Haß besann ich mich auf die schlimmsten Wörter, die ich kannte: »Lumpenhunde. Mörder. SS-Pack.«

Unsere Befreier, fröhliche junge Burschen voll guten Willens und vager Ideen, waren für dieses Volk von Berufsmördern kein Gegner. Wenn ich nur jemanden warnen könnte, einen General oder einen Minister, daß sie unbedingt aufpassen müßten, damit die Moffen keine Waffen mehr in die Hände bekämen.

Kurze Zeit später, auf dem bombardierten Platz, hatte ich sie wieder vergessen. Ich beschloß, Blindekuh zu spielen. Das spielten Tessa und ich oft des Abends, wenn wir nach dem Essen noch ein wenig spazierengehen durften. Nun wollte ich es tagsüber und allein ausprobieren. Es war ohnehin noch zu früh fürs Schwimmbad. Mit steif vorgestreckten Armen, die Augen fast geschlossen, tastete ich mich schwankend an den Häusern entlang. Jemand sprach mich an.

»So etwas tut man nicht. Damit treibt man keinen Scherz.«

Ich machte die Augen auf und sah einen grauhaarigen Mann in einem grauen Anzug und mit tiefen Furchen im Gesicht.

»Mit so einem Gebrechen treibt man keinen Scherz. Außerdem fällst du gleich noch in ein Loch.«

Onkel Sem mit den violetten Wangen sagte früher, wenn wir bei ihm zu Besuch waren: »Dich steck’ ich noch ins Loch!« Und dann kniff er mich lachend in die Wange.

Damals, in seinem dunklen Treppenhaus, wäre ich fast vor Angst gestorben. Nun war er tot (»nicht zurückgekommen«), und ich sah endlich die Löcher, vor denen ich eine so unbestimmte Furcht gehabt hatte. Onkel Sem konnte mich nun nicht hineinstecken, und die Moffen waren hinter Gittern.

Ob sie oder die Alliierten die Löcher in die Stadt gebombt hatten, wußte ich nicht. Man sah nicht nur Trümmer, sondern auch halbe Stockwerke, lose in der Luft hängend, manchmal noch ein Tisch oder ein Bett darauf. Ein eisernes Bettgestell, die Matratze längst vermodert oder gestohlen.

**9**

»*Ce qu'il a commencé par l'épée, je l'achèverai par la plume*«, sagte ich zu dem Mann. Wenn Tessa und ich von Fremden bei irgend etwas ertappt wurden, taten wir, als ob wir Französinnen seien. Ich kannte Sprüche aus dem Zitatenlexikon.

»Wie bitte?«

»Honoré de Balzac.«

Der Mann zuckte die Achseln. Eine Frau mit einem Einkaufskorb kam vorbei, auf klobigen Holzsohlen.

»Etwas seltsam«, sagte der Mann zu ihr. »Oder vielleicht ein Flüchtling aus Belgien.«

Die Frau nickte.

Sie ließen mich vorbei. Ich wagte es nicht mehr, Blindekuh zu spielen. Mit betont lockeren Schritten ging ich weiter zum Hallenbad.

Auf dem Schild am Eingang sah ich, daß gerade Knabenzeit war. Eine lange Schlange stand vor der Kasse. Ich stellte mich dazu.

»Mit meinen kurzen Haaren und dem langen Regenmantel falle ich bestimmt nicht auf«, dachte ich.

Richtig. Ich bekam eine Eintrittskarte und ging mit in den feuchten Korridor, durch den sonderbare Geräusche dröhnten. Nachdem ich in der Umkleidekabine die Sitzbank vor der Tür heruntergeklappt hatte, so daß niemand hineinkonnte, war ich sehr zufrieden.

In meinem schwarzen Baumwollbadeanzug ging ich zum Nichtschwimmerbecken. Ich blickte kurz auf meine Brust. »Ein dicker Junge«, beruhigte ich mich.

Nachdem ich eine Runde geschwommen war, verließ ich das Wasser, um zum tiefen Bassin zu gehen.

»He, was machst du denn hier?« Ein Junge baute sich vor mir auf.

»Schwimmen.«

»Mädchen dürfen jetzt aber nicht. Du mußt nachher wiederkommen.«

»Ich habe eine Eintrittskarte«, sagte ich, schubste den Jungen beiseite und ging wieder ins Wasser.

Kurze Zeit später pfiff mich der Bademeister heraus. Der Junge stand neben ihm, und andere Neugierige stellten sich dazu. Alle in Badehosen, wie ich sah.

»Sie muß raus, sie ist ein Mädchen«, sagte der dickste Junge.

»Du hast es gehört«, sagte der Bademeister. »Du mußt raus. Wir haben jetzt Knabenschwimmen. Das hast du doch wohl gesehen?«

Beschämt zog ich mich wieder an. Die Dreckskerle. Gleich würde ich irgendwo an der Tür klingeln.

»Schönen guten Tag, ich komme aus dem Schwimmbad. Die Sachen Ihres Sohnes sind aus Versehen naß geworden. Er hat mich darum gebeten, ihm eine trockene Hose und so zu holen.«

»Kennst du ihn denn?«

»Wir sind Schulfreunde.«

Mit diesen Sachen würde ich mich dann in der Heide, gleich vor der Stadt, umkleiden. Wenn ich meine Mädchenkleider dort vergrübe, könnte ich danach als Junge leben. Wer es dann noch wagte, mich aus dem Schwimmbad zu vertreiben ...

Plötzlich fielen mir die Blicke des Bademeisters und der Jungen wieder ein. Von meinen kurzen Haaren über meine Brüste zum Zwickel meines schwarzen Badeanzugs. Die Schufte. Dann ging ich eben nie wieder schwimmen, oder nur noch in einem Land, in dem es keine getrennten Jungen- und Mädchenzeiten gab.

Langsam ging ich durch eine Straße in einer Neubausiedlung. Ich musterte die Häuser eines nach dem anderen daraufhin, ob ein etwa dreizehnjähriger Junge dort wohnen könnte. Ein Junge, der gerade nicht zu Hause war.

»Schönen guten Tag, Ihr Sohn hat mich gebeten, ihm trockene Sachen zu holen.«

»Wer bist du denn?«

»Ich bin ein Freund von ihm.«

»So, dann komm mal rauf.«

»Geben Sie mir am besten die kurze und auch noch diese lange Hose hier mit, bitte. Dann kann er sich aussuchen, was er anziehen möchte.«

Ich traute mich jedoch nicht, zu klingeln.

*Als wir nach dem Krieg zurückkamen, Vater und ich, standen wir zuerst unten in einem Hausflur. Dann ließ uns Mutter, fast weinend und wirres Zeug redend, nach oben kommen. In einem fremden, kleinbürgerlich eingerichteten Zimmer mit gelblichen Holzmöbeln umarmte sie Vater. Ich blieb abwartend in einer Ecke zwischen Tür und Wandschrank stehen. Eine blaue Baskenmütze auf den kurzgeschorenen Haaren, ein langer blauer Gabardine-Regenmantel, der mir bis weit übers Knie reichte.*

*»Wer ist der Junge da?« fragte Mutter schließlich.*

*»Welcher Junge?«*

*»Den du mitgebracht hast.«*

*»Aber Schatz, das ist doch Simone. «*

*»Kind, ich hätte dich fast nicht wiedererkannt. Du hast dich ja furchtbar verändert.«*

*»Wie goat es Ihnen, Mudder?« fragte ich.*

*»Wie seltsam sie redet«, sagte Mutter.*

*»Das ist der Dialekt. Sie mußte sich im Dorf anpassen. Zur Sicherheit. Sie gewöhnt es sich bestimmt wieder ab.«*

*»Wir müssen schnell andere Kleider für sie auftreiben«, sagte Mutter.*

Alle saßen schon am Tisch im Haus an der Bloemlaan. Wieder eine andere vorübergehende Unterkunft, in der wir die Befreiung des westlichen Landesteiles abwarteten.

»Du kommst aber spät«, sagte Vater.

Ich erzählte von den Moffen hinter dem Gitter der Garage.

»Geschieht ihnen recht«, sagte Mutter, während sie die Schüsseln mit dem Essen auf den Tisch stellte.

»Soll man sie doch ruhig wie Vieh behandeln«, sagte Vater. »Eigentlich haben sie noch Schlimmeres verdient.«

»Hast du es wirklich gesehen?« fragte Tessa.

»Es waren Moffen von der *Wehrmacht*«, sagte ich. »Sie hatten ihre Stinkuniformen noch an, aber die Streifen und so waren ab.«

»Wenn ich dabeigewesen wäre, hätte ich ihnen ins Gesicht gespuckt«, sagte Tessa.

»Jetzt iß mal weiter, Schatz«, sagte Mutter.

Tessas Eltern waren von Westerbork nach Auschwitz verschleppt worden. Dort waren sie, der Vater nach einem halben, die Mutter nach einem Jahr, mit Gas ermordet worden.

Tessas Vater war vor dem Krieg Geiger bei den Ostniederländischen Philharmonikern gewesen, ihre Mutter Sängerin.

Man hatte mir verboten, in Tessas Beisein über Musik zu reden. Sogar das Radio wurde gleich nach den Nachrichten ausgeschaltet, wenn ein Konzert kam. Nicht, daß Tessa so überempfindlich reagiert hätte, aber meine Eltern hatten dann wenigstens das Gefühl, »etwas zu tun«.

Vom Schwimmbad erzählte ich nichts. Sie wollten selten genau wissen, wie ich meine freien Nachmittage verbracht hatte.

Nach dem Essen gingen Tessa und ich spazieren.

»Schau, die Sterne«, sagte ich und zeigte über die Heide, die an die Bloemlaan grenzte. »Ich habe im Krieg einen Bericht über die Relativitätstheorie von Einstein gelesen. Wenn man schneller als das Licht reisen könnte, käme man in der Vergangenheit an.«

»Wie soll das gehen?« fragte Tessa. »Kommt man in die Vergangenheit der Erde oder die der Sterne?«

»Ganz wie man möchte, glaube ich. Ich würde gern mal ins alte Persien reisen.«

»Oder in die Zeit vor dem Krieg«, sagte Tessa. »Geht das jetzt schon?«

»Nein, er hat es sich bloß ausgedacht. Es gibt noch keine Maschine dafür.«

»Eine Zeitmaschine.«

»Ja. Wenn gleich jemand vorbeikommt, wollen wir ihn dann fragen: ›Entschuldigung, haben Sie eine Zeitmaschine?‹«

»Entschuldigung, haben Sie eine Zeitmaschine? «

»Wie meinst du das?« fragte der Mann. »Wollt ihr wissen, wie spät es ist?«

»Nein, wir wollen eine Zeitmaschine.«

»Ich finde euch sehr unhöflich«, sagte der Mann.

»Wirklich? Möchten Sie sich vielleicht schlagen?« Ich ging in Boxerstellung.

»Komm«, sagte Tessa.

»Mit dem Hänfling wär' ich leicht fertig geworden«, sagte ich. »Fühl mal, wie stark ich bin.« Ich spannte den Bizeps an, der nach jahrelanger Landarbeit hart wie Stahl war.

Im Schlafzimmer holte ich die Uniform aus dem Schrank, die mein Cousin Jacob bei uns zurückgelassen hatte. Er war Sergeant bei den Befreiungstruppen.

Aus Taschentüchern machte ich eine Rolle, die ich mir in die Hose schob. Ich sah nun sehr männlich aus. Sogar im Badeanzug hätte man mich so nicht aus dem Schwimmbad gejagt. Nur sah ich keine Möglichkeit, mit zusammengerollten Taschentüchern zu schwimmen, ohne daß sie naß würden und wegrutschten.

Nachdem ich mich vorm Spiegel von vorn und von der Seite betrachtet hatte, zog ich mich aus. Ich legte mich ins Bett, zog an der Kordel, um das Licht auszumachen, und begann mit meinen Übungen. Sie bestanden aus einer Reihe magischer Formeln und Vorstellungen, die mir in absehbarer Zeit zu den fehlenden Geschlechtsorganen verhelfen und meine Brüste wieder in ihren natürlichen flachen Zustand schrumpfen lassen sollten.

Oft glaubte ich am nächsten Morgen die ersten Anzeichen einer Wirkung wahrzunehmen. Meine Brust kam mir etwas flacher vor, und dort, wo mich die Natur bei meiner Geburt so kläglich benachteiligt hatte, vermeinte ich eine beginnende Schwellung zu spüren. Wenn ich dann hoffnungsvoll den Schlafanzug auszog, war ich jedesmal tief enttäuscht. Aber ich gab nicht auf, sondern übte die magischen Denkformeln nur noch häufiger.

Aus verschiedenen Gründen mußte die Metamorphose recht bald geschehen. Erstens durfte meine weibliche

Anatomie und Physiologie nicht mehr allzulange dauern, denn dann wäre mein Körper für immer verdorben, und die Umwandlung könnte nicht mehr gelingen.

Zweitens war es für mich als Junge erniedrigend, von anderen noch länger als Mädchen behandelt zu werden. Die lächerlichen Mädchenkleider und die dazugehörigen Spielgewohnheiten und sonstigen Verhaltensweisen wurden zu einer immer größeren Qual.

Drittens wollte ich Seemann oder Pilot werden, und zu beiden Berufen wurden Frauen nicht zugelassen.

Viertens war mir aufgefallen, daß mit zunehmendem Alter auch der verhaßte Unterschied an zugestandener Freiheit zwischen Jungen und Mädchen immer größer wurde.

Ich fand es durchaus bedauerlich für meine Eltern, daß ich eines schönen Tages als Junge vor ihnen stehen würde. Sie waren ja so außerordentlich froh darüber, daß ich ein Mädchen war, wie sie mir des öfteren versichert hatten. Aber da war nichts zu machen. Dann müßten sie sich eben mit Tessa als Pflegetochter trösten.

So viele Menschen waren in diesem Leben ein Mann, und gerade ich mußte ein Mädchen sein. Es war reine Glückssache. Man hatte bei der Geburt die fünfzigprozentige Chance, ein Junge zu werden. Warum hatte ich Pech gehabt?

Unglaubliches Lumpenpack wie die Deutschen, Mörder, NSB-Leute, ausgesprochen dumme Jungen wie Koos Westra, langweilige wie Hein ter Heide, sie alle waren doch Männer.

Vielen Mädchen machte es nichts aus, alberne Kleider tragen zu müssen, die beim Spielen nur hinderlich waren. Und später ein ganzes Leben lang die stumpfsinnigsten und fadesten Arbeiten im Haus verrichten zu müssen, wenn sie heiraten wollten. Mir dagegen schon.

Was hatte Gott gegen mich, daß er mich nicht »zufällig« auf der richtigen Seite hatte ankommen lassen, so wie die vierzig Moffenburschen in der Garage, so wie Koos, Hein, meinen Cousin Jacob, Zehntausende Soldaten der Befreiungstruppen, so wie die Hälfte der Menschheit?

Ich versuchte mir vorzustellen, wie es wäre, gleich als Junge zur Welt zu kommen. Man würde sich nicht darüber wundern. Es wäre selbstverständlich, daß mit dem Körper alles in Ordnung war. Daß man Fußball spielen konnte, abends durch die Stadt gehen und Mädchen ansprechen, schwimmen, wenn Knabenzeit war. Einen Beruf wählen und in diesem Beruf weiter arbeiten, wenn man heiratete und Kinder bekam. Daß man keine öden Sachen zu tun brauchte wie Handarbeiten oder Tischdecken. Daß man zu den Menschen gehörte, die im Leben etwas leisteten: Soldaten, Wissenschaftler, Minister, Entdeckungsreisende, Ingenieure, Direktoren, und nicht zu der unbedarften Hälfte, die, ob arm oder reich, die gleiche Hausarbeit verrichten mußte. Zu denen, die selbst kein Geld verdienten und sich wie Pfauen aufputzen mußten, um der anderen Hälfte zu gefallen.

Wenn man als Junge zur Welt gekommen war, fände man es ganz normal, ein Junge zu sein, das war mir klar. Man könnte sich nicht vorstellen, wie es wäre, als Mensch in einem Frauenkörper leben und eine Frauenrolle ausfüllen zu müssen.

Ich sah die Kanadier vor mir, wie sie bei der Befreiung mit strahlenden Gesichtern in ihren Jeeps durch die Dörfer fuhren. Sie sahen stark und selbstbewußt aus. Ich sah die Mädchen, die sich ihnen an den Hals warfen, sich anboten wie einen Gegenstand. Eine Sache, die man benutzen konnte.

Den Hin- und Rückweg zum Gymnasium, das von der Bloem-laan aus gesehen genau auf der anderen Seite der Stadt lag, ging ich meist zu Fuß. Ich war es gewohnt, lange Strecken zu laufen, barfuß oder in Holzschuhen, und nun besaß ich sogar ausrangierte Militärstiefel vom Roten Kreuz.

Eines Nachmittags war ich müde und versuchte, einen Jeep anzuhalten, wie es viele Kinder machten.

Ein kanadischer Jeep stoppte. Ein etwa vierzigjähriger Korporal saß am Steuer, ein ungefähr achtzehnjähriger Soldat neben ihm. Ich wollte hinten einsteigen, aber sie bestanden darauf, daß ich mich nach vorn setzte, zwischen sie.

Als wir ein Stückchen gefahren waren, legte der jüngere Kanadier den Arm um mich und begann, mit der linken Hand meine Brust zu streicheln. Ich war erstaunt, daß das ein angenehmes Gefühl hervorrief. Niemals hätte ich gedacht, daß etwas so Empfindliches, Verletzbares und Lästiges Lust verschaffen könnte. Das also war es, wozu Brüste gut waren!

Dann bekam ich Angst. Ich wollte überhaupt nicht von einem kanadischen Jungen gestreichelt werden, auch nicht, wenn ich dabei ein angenehmes Gefühl hatte.

»No«, sagte ich. »Do not. No!«

Ich sah den älteren Fahrer an, der es dem Jungen bestimmt verbieten würde. Aber statt den Soldaten zurechtzuweisen, der sein Sohn hätte sein können, lachte er nur. Er sagte etwas Ermutigendes zu ihm und zu mir: »Kiss him. He is nice.«

Ich wußte, daß zwischen Männern mehr Brüderlichkeit herrscht als unter Frauen. Jetzt sah ich, wie weit diese Kameradschaft ging. Der Fahrer war der Ranghöhere, er war viel älter als wir, er trug die Verantwortung. Trotzdem hielt er zu dem Jungen und war gegen mich.

Der Soldat versuchte mich zu küssen, aber ich drehte den Kopf weg. Nun legte auch der Fahrer den Arm um mich und streichelte meine andere Brust. Er hatte festere Hände als der Junge, der sehr hübsch war, sehr blond und zart, aber auch seine Berührung war nicht unangenehm.

Vor einer Kurve mußte der Fahrer die Hand wieder ans Steuer legen, doch vorher gab er mir einen kleinen Stoß, so daß ich gegen den Soldaten fiel. Der versuchte von neuem vergeblich, mich zu küssen, hörte nicht auf, meine Brust zu streicheln, und griff mit der anderen Hand nach meinem Rock.

»*No!*« rief ich. »*I will there out! Stop!*«

Ich wehrte mich mit aller Kraft. Fast weinend flehte ich den Fahrer an: »Stop! Stop! Stop!«

Plötzlich bremste er und ließ mich aussteigen. Es war ein einsamer Weg durch ein kleines Waldstück. Der junge Soldat wollte aus dem Jeep springen und mir folgen, aber der Fahrer hielt ihn zurück.

»Willst du wieder einsteigen?« fragte er mich durch Gebärden. Ich schüttelte den Kopf. Er sagte etwas zu dem Jungen. Sie mußten beide lachen, und dann fuhren sie weg.

Manchmal durfte ich meine Eltern zum Büro des Roten Kreuzes begleiten. Dort lagen Listen von Personen, die die deutschen Konzentrationslager überlebt hatten, aber jetzt zum Beispiel noch in Schweden waren. Auch Listen von Menschen, die mit Gewißheit oder mit hoher Wahrscheinlichkeit tot waren. Überlebende hatten gesehen, wie sie gefoltert und ermordet worden waren.

Die umfangreichsten Listen bestanden aus Namen, hinter denen nichts stand. Diese Menschen waren nicht im befreiten Gebiet, aber es gab auch niemanden, der von ihrem Tod berichten konnte.

Die Male, die ich mitging, fragten meine Eltern immer wieder nach derselben Reihe von Namen, ungefähr vierzig Verwandte und Freunde. Ich fragte nach Werner Beil.

Werner und ich hatten noch ein Jahr lang die Schule für die „Sternträger" besucht, bevor es richtig losging. Er war mein Freund. Im Rechnen war er so gut, daß er auch in dieser jüdischen Schule der Beste war. Fast immer bekam er eine Eins. Auch in Niederländisch war er sehr gut, aber er wollte Ingenieur werden.

In der Pause, wenn wir Pferd und Reiter spielten, waren wir zwei eine unschlagbare Mannschaft.

Die hochaufgeschossene Gestalt, das blonde Haar, die blauen Augen und der günstige Familienname gaben ihm große Überlebenschancen, schien mir.

Eines Tages stand hinter seinem Namen: »Vermutlich umgekommen.«

»Was ist mit ihm geschehen?« fragte ich die junge Frau hinter dem Tisch.

Sie sah mich an, blätterte in den Papieren und erzählte, was ein Überlebender berichtet hatte.

Werner war mit seiner Mutter (sein Vater war bereits tot) zu einem Lager in Polen transportiert worden. Viele Menschen waren schon im Zug gestorben, und als sie später durch den Schnee laufen mußten, waren zahllose Menschen vor Schwäche umgefallen. Werner hatte noch drei Monate im Lager gelebt. Dann hatte der Überlebende gesehen, wie er mit einer Gruppe Kinder zur Gaskammer gebracht worden war. Dieser Mann, der damals krank gewesen war, hatte die Kinder hineingehen sehen, weiter nichts.

»Und nun?« fragte ich. Ich hörte meine Stimme von weither und sah mich vor dem Tisch stehen: ein kleines Mädchen mit fast kahlgeschorenem Kopf in einem viel zu langen Regenmantel.

»Wir warten noch auf eine Bestätigung durch weitere Zeugen«, sagte die Frau. »Dann haben wir Gewißheit.«

»Dann ist er also tot?« fragte ich.

»Vergast«, nickte die Frau.


Es war bereits gefährlich, in der Stadt herumzulaufen, aber kurz bevor wir untertauchten, durfte ich noch einmal zu Werner spielen gehen. Er hatte Dinge, mit denen er physikalische Versuche machen konnte. An diesem Nachmittag brachte er mir bei, wie man elektrische Schaltungen bauen kann: parallel oder in Serie. Wir ließen Lämpchen leuchten und Klingeln läuten.

Um vier Uhr holte uns seine Mutter zum Tee. Ich sah, daß sie sich für die Versuche ihres Sohnes interessierte.

»Werner wird Ingenieur«, sagte sie zu mir mit ihrem deutschen Akzent. »Er studiert später in Delft. Nicht wahr, Wernerchen?«

## Sanddorf 1944

In dem Schuppen roch es nach Feuchtigkeit. Die grünen Flecken an den Wänden sahen genauso aus wie die grünen Flecken auf dem Brot, das wir nun bekamen. Es wurde immer schlechter.

Ich saß oft an dem runden Tisch und zeichnete auf die Blätter eines Notizblocks. Lieber aber war ich draußen auf dem Hof und kletterte über die Leiter zum Heuschober hoch. Einquartierte deutsche Soldaten hatten sich dort eine gemütliche Höhle eingerichtet, warm und trocken. Sie waren nur wenige Jahre älter als ich.

Manchmal brachte ich ihnen selbstgemachten »Birkenwein«. Man ritzte eine tiefe Kerbe in die Rinde, bis in den Stamm einer Birke, band eine Flasche darunter, und wenn die nach ein paar Tagen vollgesickert war, vergrub man sie. Je länger man die Flasche in der Erde ließ, um so besser schmeckte das Getränk. Am besten war Birkenwein aus dem Vorjahr.

Gart, der älteste Sohn von Bauer Victor, sagte, durch das Einkerben würden die Bäume absterben. Aber wen kümmerte das schon. Birkenwälder gab es genug, und es war wichtig, etwas Nahrungsähnliches zu haben, nachdem das

Brot nun aus grünem Schimmel bestand und nahezu ungenießbar war.

Die Soldaten gaben mir manchmal im Tausch etwas von ihren Rationen: einen Löffel Bohnen, eine Tasse Mehlsuppe. Wir alle hatten Hunger.

Der Heuschober war der schönste Platz in dem Bereich, in dem mir Bauer Victor den Aufenthalt erlaubt hatte. Ich war nicht imstande, die in letzter Zeit dort angekommenen Deutschen als »Moffen« zu sehen. Sie waren zwischen vierzehn und siebzehn Jahre alt. Die »Mongolen« um die Zwanzig, die in ihrem Kielwasser kamen, wirkten im Vergleich zu ihnen wie alte Männer.

Die Mongolen waren anscheinend russische Kriegsgefangene. »Von jenseits des Urals«, hieß es.

Die Mongolen kämpften immer auf der Seite der Front mit, auf der sie sich zufällig befanden. Sobald sie eine Chance sahen, ihre Lage zu verbessern, wechselten sie die Armee. Deshalb wurden ihnen stets die unangenehmsten und schmutzigsten Aufgaben zugewiesen. Sie fielen noch schneller als die Deutschen.

Die Mongolen schliefen am Waldrand unter den Bäumen. Seit sie da waren, durfte ich abends nicht mehr nach draußen. Aber gegen den Heuschober am Tage gab es keine Einwände.

Anfangs zeigte mir einer der ältesten deutschen Soldaten (angeblich war er schon achtzehn) ein dickes Buch mit pornographischen Photos auf glattem Papier. Das teilte die Heeresleitung an die jungen Soldaten aus. Die Huren in Uniform waren den älteren Männern vorbehalten, die von sich aus nicht mehr so gut zum Zuge kamen.

Ich sagte: »*Nicht gut. Nicht gut.*«

Danach wurde das Buch nicht mehr erwähnt, und unsere Kontakte spielten sich auf der Ebene des Essens ab.

Ehrlich gesagt war der Birkenwein sehr bitter und nicht trinkbar. Aber indem wir so taten, als sei dieses Getränk etwas Besonderes, stillten wir alle unseren Hunger. Wir spielten »essen«. Die deutschen Kinder spielten außerdem Soldat, die Mongolen spielten Verbündete, die Juden spielten Evakuierte, der Bauer spielte Bauer.

Jede Nacht donnerten Flugzeuge im Tiefflug über uns hinweg. Später stellte sich heraus, daß sie alliierte Fallschirmspringer auf der ausgemergelten, höckerigen Weide absetzten. Die Fallschirmspringer warteten monatelang in den Kellern von Bauer Victors Wohnhaus auf das Funksignal für die Befreiung. In anderen Kellern warteten gewöhnliche Untergetauchte. Abends hielten die BS-Leute, die den Untergrundkampf gegen die Deutschen koordinierten, auf der Tenne ihre Versammlungen ab. Wir wohnten im Schuppen.

Unsere sehr bruchstückhafte Kenntnis von der Anwesenheit der jeweils anderen glich einem schludrigen Venn-Diagramm.

Oft ging ich über den Sandpfad, der das Gebiet begrenzte, das mir Bauer Victor zugewiesen hatte. Während die anderen untergetauchten Juden im Schuppen bleiben mußten, durfte ich mich relativ frei bewegen. Außerdem wurde ja auch jemand gebraucht, der in der Waschküche das Essen in Empfang nahm und die Fäkalieneimer in die Senkgrube entleerte. Mein Äußeres war am wenigsten verräterisch.

In meiner Familie nehmen die jüdischen Merkmale mit dem Alter zu. Mit dreizehn war ich ein dunkelblondes Kind mit leicht gelblicher Haut. Mit zwanzig würde ich »aus Frankreich gebürtig?« sein, mit dreißig eine Jüdin.

Ich nutzte meine Freiheit manchmal, um einsame Runden auf der Grenze zwischen Bauernhof und Wald zu laufen.

Eines Tages begegnete mir auf dem Sandpfad ein Mann, der ein weißes, zusammengerolltes Bündel unterm Arm trug. Der Mann erschrak: Er hatte mich in der Dämmerung nicht kommen sehen. Ich lief barfuß.

Da man mir eingeschärft hatte, auf den Boden zu blicken und weiterzugehen, wollte ich mit dem hier üblichen »Nahmd« an ihm vorbeigehen, aber er hielt mich an. Der seidige Stoff seines Bündels streifte kurz meinen Arm, und dann spürte ich am Hals Metall. Der Mann schob mich in den Wald, in den ich nicht gehen durfte.

»Wie heißt du?«

»Simone.«

»Wohnst du hier?«

»Ich bin evakuiert. Ich wohne bei Bauer Victor.«

»Wie heißt dieses Dorf?«

»Sanddorf. «

»Wie viele Leute leben hier?«

»Im Dorf?«

»Ja.«

»Ich weiß nicht. Ich glaube dreihundert.«

Es schien mir klüger, irgend etwas zu sagen, als zuzugeben, daß ich noch nie im Dorf gewesen war.

Mit dem Lauf seiner Pistole gab mir der Mann zu verstehen, daß ich mich hinsetzen sollte. Das Moos und die Tannennadeln waren feucht. Der Mann breitete den Fallschirm auf dem Boden aus und setzte sich neben mich.

»Ich heiße Mick. «

Er holte Zigaretten aus einer Blechdose und bot mir eine an. Ich nahm die Zigarette, steckte sie mir aber hinters Ohr. Mick begann langsam zu rauchen.

»Wie ist denn der Bauer Victor?«

Er sprach holländisch, aber es hörte sich seltsam an. Ich wußte nicht, ob Micks Sätze für mich deshalb beängstigend klangen, weil ich so lange hauptsächlich Dialekt gehört hatte.

»Bauer Victor ist sehr nett.«

Das stimmte nicht.

»Erzähl mal was von ihm.«

»Er hat drei Söhne: Gart, Teun und Walraven. Gart ist fünfzehn, Teun dreizehn, und Walraven ist fünf. Die Jungen helfen ihm auf dem Bauernhof.«

»Sind Deutsche da?«

»Im Dorf sind Offiziere. Auf dem Bauernhof sind ein paar deutsche Soldaten, im Heuschober. Es gibt auch vierzehn Mongolen, die schlafen im Wald, zwischen den Birken.«

»Komm, wir legen uns auch ein bißchen schlafen«, sagte Mick.

»Nein, ich muß jetzt nach Hause.« Er sah auf seine Pistole.

»Du darfst jetzt nicht weg. Du kannst nicht weg. Komm, leg dich schlafen.«

Er drückte mich nach hinten, so daß ich in seinem linken Arm lag, und streckte sich neben mir aus. Im selben Augenblick waren Schüsse zu hören. Etwas pfiff über unsere Köpfe.

»In Deckung!« rief Mick.

Er legte sich flach auf den Bauch, die Hände im Nacken. Ich nutzte die Verwirrung und rannte einfach weg, während weitere Kugeln pfiffen.

Keuchend kam ich nach Hause. Ich traute mich nichts zu erzählen, ging aber am nächsten Tag noch einmal zu der Stelle, an der es geschehen war. Den Fallschirm fand ich, mit ein paar Flecken, die von Blut stammen konnten. Sonst war nichts zu sehen. Ich nahm den Fallschirm mit. Das Bündel in meinem Arm gab mir Sicherheit. Es war real. Es wog etwas, und es war schmutzig. Aus dem Stoff konnte man weiche Kleider nähen.

Beim Sägebock war Gart gerade dabei, die Stücke eines bereits zersägten Baumes auf dem Klotz zu zerhacken, eine Arbeit, die ich auch oft machte. Sägen ging nur zu zweit, aber Holzhacken konnte man allein, und man fühlte sich stärker dabei.

»Was hast du da?«

Ich zeigte ihm den Fallschirm.

»Ein Fallschirm. Schön.«

Er legte die Axt hin und ging mit mir zu seinem Vater, der mit Teun zusammen im Stall arbeitete.

»Was ist das?«

Ich gab ihm das Bündel und erzählte, was geschehen war. Bauer Victor machte ein böses Gesicht.

»Geh mit Gart und Teun noch einmal nachsehen. Vielleicht findet ihr was. Wenn dort eine Leiche liegt oder ein Verwundeter, müßt ihr ihn herbringen.«

»Muß ich auch mit?« fragte Teun.

»Ja«, sagte sein Vater. »Wenn ihr etwas findet, mußt du Gart beim Schleppen helfen. So ein Körper ist für das Mädchen zu schwer.«

»Ich will nicht«, sagte Teun.

Er bekam eine kräftige Ohrfeige und folgte uns bedeppert. Den ganzen Weg blieb er hinter uns.

»Was für ein Kerl war das?« fragte Gart.

»Ein komischer«, sagte ich. »Er redete holländisch, aber anders als wir.«

»Vielleicht ein amerikanischer Spion, dem sie Holländisch beigebracht haben.«

Mit einem Mal begriff ich. Es war zu merken, daß Gart schon fünfzehn war und dabeibleiben durfte, wenn sein Vater sich mit anderen Erwachsenen unterhielt.

»Was hat er gesagt?«

»Er hat alles mögliche gefragt, über deinen Vater, über das Dorf, ob es hier Deutsche gibt und so. Als ich nach Hause wollte, sagte er, daß ich mich neben ihn auf den Fallschirm schlafen legen müßte. Er hat mich mit seiner Pistole zurückgehalten.«

»Hat er mit dir gefickt?«

»Nein, ach wo. Auf einmal wurde geschossen, und da konnte ich wegrennen, weil er sich flach auf den Bauch gelegt hat.«

Vor Gart hatte ich keine Angst. Er tat es mit seinem Bruder, mit dem er zusammen in einem Bett schlief. Das hatte mir der kleine Walraven erzählt, und ich glaubte ihm.

Gart tat es auch mit Schweinen oder Hühnern, aber nur, wenn sein Vater für einen Tag fort war. Vor ihrem Vater hatten alle drei eine Heidenangst.

Nur der fünfjährige Walraven war anfangs ein wenig aufdringlich. Im Wald, als wir Birkenwein zapften, stieß ich ihn einmal mit einer Hand lachend von mir weg. Seitdem beschränkte er sich auf Geschichten über seine Brüder und seine eigenen Erfahrungen mit Mädchen. Ein frühreifer Bauernbengel. Wenn die Mongolen eine Soldatenhure bei sich hatten, durfte er dabeisein.

»Am besten trennen wir uns hier«, sagte Gart, als wir in die Nähe der Stelle kamen, von wo ich weggelaufen war. Er gab Teun und mir Anweisungen, wie wir suchen und was wir tun sollten, wenn wir etwas fänden oder jemandem begegneten. Im letzteren Fall sollten wir sagen, daß wir Reisig sammelten.

Ungefähr nach einer halben Stunde hörten wir Garts Pfiff. Ich war immer melancholischer geworden im Wald, der seit jeher traurige Gefühle in mir weckte. Ich empfand es als Erleichterung, zu Gart laufen zu können.

Schweigend zeigte er Teun und mir die Spuren, denen er gefolgt war. Wir standen vor einem Haufen zusammengefegter Blätter und einem Stück Hand, das herausragte.

»Wir müssen heute abend wiederkommen, wenn es dunkel ist, und einen Spaten und eine Schubkarre mitbringen«, sagte Gart. Und zu mir: »Du brauchst nicht mitzukommen.«

Der Rückweg war endlos. Ich schlurfte auf dem lockeren Sandpfad voran. Hinter mir gingen die großen Jungen, die über ein Seil redeten, das sie mitnehmen wollten, über Spaten, eine Deckplane und alte Zeitungen.

An diesem Abend, an dem runden Tisch im Schuppen, zeichnete ich beim Schein eines Ölflämmchens in meinen Notizblock. Diesmal keine Jungen mit karierten Hemden, zerzausten Haaren und Kniestrümpfen mit einer Troddel an der Wade, sondern erwachsene Männer. Ihre Gesichter und Körper sahen jedesmal zu jung aus. Ich versuchte, sie älter erscheinen zu lassen, indem ich noch Schnäuzer, Bärte und tiefe Falten im Gesicht dazumalte.

Aber wie ich auch zeichnete, keiner ähnelte Mick.

Wir waren nun fast befreit, soviel war sicher. Eines Tages durfte ich allein ins Dorf: Essen holen mit Marken und blechernem Kriegsgeld.

Es drohte kaum noch Gefahr, die Leute von der NSB und der Landwacht waren nun noch ängstlicher als wir. Die Moffen waren inzwischen so jung, daß sie sich mit Spielzeug hätten bestechen lassen.

Unterwegs mußte ich mal. Ich hockte mich hinter ein Gebüsch am Wegrand und sah rote Tropfen zur Erde fallen. Ich bekam es mit der Angst zu tun, aber dann begriff ich, was es war. Die Pubertät hatte angefangen, und ich war kein Junge geworden. Ich rannte ins Dorf, suchte den Dorffriseur und sagte: »Alles ab. Einen Bubikopf.«

»Aber warum denn?« fragte der Friseur. »Du hast doch keine Läuse?«

Ich hatte nie Läuse bekommen im Krieg, und ich hatte nie mit einem Jungen gefickt. Es waren die beiden einzigen Dinge, die ich selbst hatte vermeiden können.

»Es muß alles ab«, sagte ich. »Mein Onkel Victor will es so.«

Der Friseur erschrak, als er diesen gefürchteten Namen hörte. Er fragte nicht mehr weiter, redete auch sonst nicht mehr mit mir, sondern schnitt Zöpfe und Haare ab und rasierte mir den Nacken so hoch aus, wie es in dieser Gegend üblich war. Das Haareschneiden kostete fünfundzwanzig Cent. Ich bezahlte vom Einkaufsgeld.

Als ich draußen meine Baskenmütze wieder aufsetzte, fand ich es angenehm, ihren Rand an den Stoppeln auf meinem Hinterkopf zu spüren. Komisch, daß Jungen einem so etwas nicht erzählen konnten.

Nachdem ich die Besorgungen erledigt hatte, mußte ich auf dem Rückweg noch einmal. Das Blut floß nun in einem kleinen Rinnsal. Plötzlich kam mir das Haareschneiden sinnlos und ohnmächtig vor. Ich mußte weinen und weinte noch immer, als ich in den Schuppen zurückkam.

Wenige Tage später waren wir tatsächlich befreit.

»Kommst du mit ins Dorf?« fragte Vater.

Er hatte sich nach dem ersten Schreck schnell an meinen kahlen Kopf gewöhnt. Ich redete ihn hier mit seinem Vornamen Steven an, weil wir das im Fall einer Razzia für sicherer hielten. Das hatte seine Haltung mir gegenüber allmählich verändert.

Gemeinsam liefen wir über den Pfad, den ich bisher erst einmal gegangen war. Nach einer guten halben Stunde standen wir auf dem Markt.

Dort schrien begeisterte Menschen aufgeregt durcheinander, und aus der Ferne waren keine Schüsse mehr zu hören, sondern die Geräusche von Panzern und Jeeps.

Die Holländer in diesem evangelisch-reformierten Dorf waren im Krieg überwiegend gegen die Nazis gewesen. Die Freude über die Befreiung war fast allgemein und echt. BS-Leute in blauen Overalls und mit Armbinden gingen gewichtig mit *Sten Guns* auf und ab.

»Tag der Abrechnung«, sagte Steven.

»Das kommt noch«, sagte ich.

Jeeps fuhren nun auf den Platz. Die Menschenmenge drängte nach vorn. Ich wurde von einem ekstatischen Glücksrausch erfaßt. Im Gedränge verlor ich Steven beinahe aus den Augen.

Die Jeeps mußten ganz langsam fahren, weil die Menschen nicht zurückwichen. Die Soldaten darin strahlten und grinsten übers ganze Gesicht. Wir wußten noch nicht, welche Nationalität sie hatten, weil wir die Uniformen nicht kannten.

Junge Mädchen warfen sich in die Jeeps und fuhren mit. Die Masse jubelte.

Ich wurde so weit nach vorn geschoben, daß eine breite Raupenkette langsam über meinen Fuß glitt. Es tat nicht weh.

»Komm hierher, der Bürgermeister hält eine Rede«, sagte Steven.

Ich sah, daß der Bürgermeister auf die Musiktribüne geklettert war. Es wurde ganz still. Der letzte der fünf Jeeps war bereits wieder aus dem Dorf.

»Dank Gottes Hilfe und der Treue unserer Bündnispartner sind wir befreit«, sagte der Bürgermeister. »Ich rate Ihnen aber noch zur Vorsicht. Es ist vorgekommen, daß versprengte SS-Trupps in befreite Dörfer zurückgekehrt sind. Erst wenn eine ständige Befreiungsmacht hier im Dorf ist, sind Sie wirklich sicher. Bis dahin werden die BS die Ordnung aufrechterhalten.

Kommenden Samstagabend werden hier auf dem Markt, auf der Musiktribüne, Frauen kahlgeschoren, die sich mit den Besatzern eingelassen haben. Sie können alle kommen und zuschauen.«

»Und was passiert mit den Männern?« fragte ich.

»Psst«, sagte Steven.

»Lassen Sie uns nun gemeinsam in der ersten Stunde unserer Befreiung das Wilhelmuslied singen.«

»Hoch Oranien!« rief jemand.

Dann begann der Gesang, schleppend wie in der Kirche. Im Freien, ohne instrumentale Begleitung, klang die Nationalhymne dennoch dünn.

Erst beim Singen dachte ich an diejenigen, die jetzt nicht dabei waren, und der Rausch verflog. Offenbar erging es auch den anderen so. Nach »die Tyrannei vertreiben, die mir mein Herz verwund't« verließen alle langsam den Platz. Aber als Steven und ich wieder in den Schuppen zurückkamen, erstatteten wir begeistert Bericht.

Samstagabend durfte ich wieder mit zum Markt. Es war fast so voll wie am ersten Tag der Befreiung.

Eine noch junge Frau im grauen Kleid wurde von zwei Bauernknechten die Stufen zur Musiktribüne hinaufgezerrt. Dort mußte sie knien. Ein Friseur mit einer großen Schere und einer Haarschneidemaschine schor ihr den Kopf kahl. Die Horde johlte, die Frau war ganz still. Als der Friseur fertig war, stand sie auf. Sie sah nun wie ein kranker Mann aus. An der Rückseite kletterte sie über den Rand der Musiktribüne und verschwand schnell, von niemandem gehindert.

Später hörten wir, daß sie ins Wasser gegangen war.

Die nächste Frau weigerte sich, zu knien; als der Friseur fertig war, holte sie ein Kopftuch hervor und band es sich um. Die Menge wich vor ihr auseinander, als sie ging.

Mir wurde übel, und ich bat Steven, nach Hause zu gehen.

Unterwegs fragte ich ihn noch einmal, warum die Frauen kahlgeschoren wurden. Es sollten insgesamt drei sein.

»Sie haben sich mit den Deutschen eingelassen, darum werden ihnen die Haare abgeschnitten.«

»Und die Männer, die auf der falschen Seite waren?«

»Vielleicht am Tag der Abrechnung, falls der noch kommt. Königin Wilhelmina hat im Radio zur nationalen Eintracht aufgerufen. Leicht gesagt, wenn man all die Jahre in England verbracht hat ...«

»Aber diese Frauen?«

»Das sind Huren, das ist was anderes.«

»Wachsen die Haare wieder nach? Können sie dann wieder wie früher ins Dorf kommen?«

»Ich denke, daß sie wohl zu Hause bleiben werden, solange sie kahl sind. Danach ... die Leute vergessen schnell.«

Abends im Bett fragte ich mich von neuem, warum nun gerade diese Mädchen bestraft worden waren.

Moffenliebchen, Nutten. Vielleicht hatten sie sich ja tatsächlich verliebt, zufällig in einen Mof.

Wenn Mick etwas länger gelebt hätte und wenn die Deutschen gewonnen hätten, wäre ich dann als Soldatenhure vom Feind kahlgeschoren worden? Das war natürlich etwas anderes. Vielleicht hätte Mick mich auch erschossen, aus Angst, ich könnte ihn verraten. Und sonst hätten die Deutschen mich bestimmt als Jüdin verhaftet und ermordet.

Frauen und Juden, das ist fast dasselbe, dachte ich. Sie können sich nicht wehren, sie sind immer schuldig.

Ich stellte mir vor, daß ich ein versprengter SS-Mann wäre, der in das bereits befreite Sanddorf zurückkehrte. Ich richtete meine Pistole auf die Bauernknechte und den Friseur und sagte: »*Du wirst totgeschossen.*«

»Warum?« fragten sie mit vor Angst verkrampften Gesichtern.

»Weil Sie die Meisjes kahlgeschoren haben.«

Sie blickten auf meine kurzgeschnittenen Haare.

»Sie sind selbst beinahe kahl.«

»*Ich bin ein freier SS-Offizier, kein Mädel.*«

Ich schoß dreimal. Micks Hand war das einzige, was zwischen den Blättern noch zu sehen war.

## Fenndorf 1943

Der Wind fegte über die kahle Heide, Sand stob zwischen den verkrümmten Bäumen. In der Ferne war der schwarzviolette Streifen, wo der Brombeerwald begann. Wir nannten ihn »Brombeerwald«, weil man dort einmal im Jahr Brombeeren pflücken konnte. Sonst war es ein wüster, undurchdringlicher Wald voller Dornengestrüpp und verborgener Erdlöcher.

In Wasserstadt hatte man uns in der Schule beigebracht, daß die Natur »schön« sei. Hier gab es Natur im Überfluß: Sandgruben, Heide, Bäume, Wälder, Wassergräben, Moor, schmale Streifen halbfetten Bodens, und alles war häßlich. Kein Stadtkind ahnt, wie häßlich die Natur sein kann.

Die Bauernhöfe waren armselig und verfallen. Hier und da wohnte ein Großbauer in einem geräumigeren, aber ebenso schäbigen Haus. Und die Bauern waren noch am besten dran. Noch schlechter ging es dem Mittelstand, den Lehrern, den Arbeitern und den Knechten.

Ich wohnte beim Klempner und seiner Frau. Mit zwanzig Gulden in der Woche, einem halben Hektar Grund für Kartoffeln und Bohnen und einem Schaf hatten sie noch ein leidliches Auskommen. Das Häuschen mit der Werkstatt stand an einer zugigen Straßenecke. Einmal in der Woche schickte mich die Tante mit einem Topf Suppe zum Haus von Frau Kosse, die in der gleichen Straße wohnte. Die war wirklich arm, mit ihren acht Kindern und dem Gestank von Schweinepisse im Haus.

Eines der Kosse-Kinder, Annegien, war in meiner Klasse. Sie hatte Läuse, wie alle Kinder außer mir und den Zwillingen des Hilfslehrers. Aber bei Annegien sah man durch das dünne, blonde Haar schimmelige rote Flecken. Keiner wollte neben ihr sitzen, weil sie so eklig roch. Der gleiche Geruch, der – nur noch viel stärker – im Haus herrschte. Alle Kosse-Kinder nahmen etwas davon mit zur Schule. Den Topf, in dem ich ihnen die Suppe brachte, benutzte die Tante nie für etwas anderes.

Wenn ich Frau Kosse den Topf gegeben hatte, ging ich so schnell wie möglich wieder hinaus. Manchmal unterhielt ich mich hinterm Haus noch ein wenig mit Annegien. In der Schule schnitt ich sie. Aber wenn ich die Suppe brachte, paßte sie mich ab. Und weil derjenige, der gibt, abhängiger ist als derjenige, der empfängt, mußte ich wohl oder übel freundlich zu ihr sein. Bei ihr zu Hause konnte ich nicht so tun, als ob sie Luft für mich wäre.

Das Seltsame war, daß ihr Gestank und ihre Armut mich auch anzogen, so wie man seine eigenen Körpergerüche mit Wohlbehagen wahrnehmen kann. Und wenn ich ihren kleinen Bruder sah, der in seinen zerrissenen Kleidern über den Misthaufen im Garten stapfte, beneidete ich sie manchmal um ihre animalische Wärme.

In Fenndorf war es kalt. Die meisten Leute hier gehörten einer der drei streng protestantischen Kirchen an, und das bedeutete Verachtung und Haß für alles, was lebendig oder auch nur warm war. Sie verachteten einander und sich selbst wegen ihrer eingefleischten Sündhaftigkeit. Sie haßten das Menschliche in ihren Kindern, die sie nach kurzem Gestoße und einem knurrigen »Gute Nacht« zeugten.

Es dauerte lange, bis ich ihre Weltanschauung begriff. Was »Sünde« war, die Sünde, für die man jeden Abend vor seinem Bett kniend ihren Gott um Vergebung bitten mußte, konnte ich mir zuerst nicht vorstellen. Aber nach einem halben Jahr hatte ich mich daran gewöhnt, so wie ein dummer Schüler meint, einen mathematischen Beweis begriffen zu haben, wenn ihn der Lehrer zehnmal wiederholt hat.

Auch an die Kirche gewöhnte ich mich.

Es schien, als ob sie das Haus, in dem sie ihren Gott anbeteten, absichtlich so abstoßend wie möglich gestaltet hatten. Männer und Frauen saßen getrennt. Die Empore bei der Orgel durfte nur von Männern betreten werden. Beim Beten standen nur die Männer auf.

Während des Gottesdienstes wurde genascht. Nach dem Beten bot man sich gegenseitig ein Pfefferminz an. Nach der Morgenandacht gab es daheim noch ein Stück Honigkuchen zum Kaffee.

Die Predigt bestand aus in dumpfem Tonfall vorgetragenen Mitteilungen über die absolute Widerwärtigkeit der Menschheit und der gesamten Schöpfung. Der Mensch war nichts: Staub, Kot, Dreck, Scheiße, Kacke, Mist, ene mene muh.

Darüber, unendlich weit entfernt im leeren Raum, schwebte das Wesen, welches all dies erschaffen hatte. Obwohl Er (denn es war ein Mann) hoch oben noch über den höchstfliegenden Bombenflugzeugen thronte, kümmerte Er sich doch um jede Kleinigkeit des Alltagslebens. So konnte man

Ihn etwa darum bitten, jemandem, der Geburtstag hatte, seine Gnade zu schenken, oder auch darum, seine Feinde zu strafen.

Außerdem war Er sehr gnädig. Denn während sämtliche Heiden, Juden, Katholiken, Mohammedaner, Lutheraner und sonstigen Protestanten, Buddhisten, Mennoniten, Spiritisten, Remonstranten, Atheisten, Anglikaner und Mitglieder der sozialistischen Partei verdammt waren, waren die Calvinisten es nicht. Jedenfalls nicht die Gläubigen der calvinistisch reformierten Richtung, zu der man sich in Fenndorf bekannte.

Man sprach darüber, daß nach Amerika emigrierte Glaubensbrüder und auch viele Kirchenmitglieder, die in den großen Städten Nord- und Südhollands lebten, ihre Religion zunehmend auf die leichte Schulter nahmen. Auch solche Leute hatten nicht die geringste Chance.

Das gleiche galt für die Mitglieder des Reformierten Bundes innerhalb der reformierten Kirche. Dort dauerte die Predigt nämlich nur anderthalb Stunden statt zwei wie bei uns. Und es wurde gemunkelt, daß manche von ihnen die Gepflogenheit der Lutheraner übernommen hätten, am Sonntag nur einmal zur Kirche zu gehen. Von den unsrigen aber waren einige mit Sicherheit auserwählt und, ohne es selbst zu wissen oder an irgendwelchen Anzeichen merken zu können, bereits wiedergeboren.

Dank der unendlichen Gnade des Allmächtigen würde Er einige rechtgläubige Fenndorfer in Seine Herrlichkeit aufnehmen. Der HERR wußte, was Er tat.

Man selbst hatte auf diese Prädestination keinen Einfluß. Es war möglich, daß man die Psalmen unglaublich langsam sang, daß man bis zum Umfallen betete, daß man die

Bibel von vorn bis hinten auswendig wußte und dennoch in Seiner Vorsehung und Glorie für die ewige Hölle bestimmt war. Trotzdem tat man, was man konnte, obwohl Er anscheinend ausgerechnet für Huren und Zöllner eine Schwäche hatte.

Nach dem Gottesdienst fuhren die wenigen Großbauern in ihren kleinen Kutschen nach Hause. Die Armen gingen zu Fuß in ihr Viertel, das mehr als eine Wegstunde von der Kirche entfernt lag. Wenn es sehr kalt war, ging ich direkt hinter einer Kutsche, als Schutz gegen den Wind.

An freien Nachmittagen durfte ich bei Riek spielen, obwohl sie katholisch war. Sie wohnte schräg gegenüber. Die Tante, theoretisch eine erbitterte Gegnerin des Katholizismus, hatte eine Schwäche für sie und ihre bucklige Mutter.

Rieks Welt befand sich in der Mitte zwischen unserer und der von Annegien Kosse. Die Kate von Rieks Mutter (ihr Vater war Fabrikarbeiter) war etwas schmutziger, wärmer und gemütlicher als die eiskalte Klempnerwohnung. Aber es herrschte eine gewisse Ordnung und Moral, nicht das verschlingende Chaos der Kosses. Im Winter hatten Riek und ich im Torfschuppen unsere Höhle. Im Herbst war der Schuppen zu voll, wenn es auf den Sommer zuging, zu leer. Im Winter aber konnten wir uns im Torf einen gewundenen Gang anlegen und in der Mitte einen kleinen Raum, in dem wir uns mit Kartoffelsäcken einrichteten. Zwischen die Torfballen steckte ich die Andachtsbildchen und katholischen Geschichten, die Riek für mich aus dem Religionsunterricht oder aus der Nähstunde mit nach Hause schmuggelte und aus denen ich ihr vorlas. Daheim durfte ich nur sonntags lesen, und dann ausschließlich in der Bibel, der

Kinderbibel oder der kommentierten »Statenbijbel«. Alles andere hätte meine Aufmerksamkeit vom HERRN abgelenkt. Ich war so ausgehungert nach Lesefutter, daß mich die tief im Torf gelesenen Geschichten über die Wunderheilungen von Maria zu Lourdes trotz der hölzernen Sprache bereits zufriedenstellten.

Ich las Riek die Geschichten vor, weil sie pausenlos arbeiten mußte, auch wenn ich bei ihr im Torf spielte. Sie mußte Kartoffeln schälen oder Socken aus grobgestrickter schwarzer Wolle stopfen oder nähen, denn das gehörte sich so. »Frauenhänd' und Pferdezähn' dürfen niemals stillestehn«, hieß es.

Ab und zu kontrollierte Rieks Mutter, ob Riek auch nicht untätig war. Wir hörten sie schon von weitem kommen und hatten genügend Zeit, die katholische Lektüre zu verstecken. Wir vermuteten, daß Frau Mien van Gerben mehr Solidarität mit der Tante als mit der katholischen Mission zeigen würde.

Ihr lahmes Bein und ihren Buckel hatte sie von Schlägen mit einem Dreschflegel zurückbehalten, als sie achtzehn war. Der alte Großvater, jetzt achtzig und noch bei guter Gesundheit – sein Leben lang habe er sich nie gewaschen, berichtete Riek –, hatte seine Tochter in ihrer Jugend bei einem Stelldichein ertappt.

Obwohl sie gläubige Katholiken waren, hatte Rieks Familie offenbar die calvinistische Mentalität übernommen. In der evangelischen Schule nahm der Rektor Jungen, die den Unterricht störten, schon mal mit zum Torfschuppen, wo er sie mit dem Zeigestock verprügelte. Den Zusammenhang zwischen diesem Phänomen und der vielköpfigen Familie des Rektors, in der ständig neue Kinder gezeugt wurden, sah ich damals noch nicht.

Hörten die Fenndorfer zu Hause, daß ein Junge in der Schule gezüchtigt worden war, verabreichte ihm sein Vater mit Sicherheit eine weitere Tracht Prügel. Sie hatten dort weder Kino noch Sport, weder Huren noch andere Vergnügungen. Außerdem war der HERR sehr fürs Schlagen, jedenfalls wenn es um Menschen ging, die sich nicht wehren konnten.

In der Familie der papistischen Riek ging es also calvinistisch zu. Von Rieks Vater weiß ich lediglich, daß er kaum zu Hause war, kaum redete, sich jeden Samstagabend betrank (katholisch!) und Riek noch einmal schlug, wenn ihre Mutter sie für irgendein Vergehen bestraft hatte und ihm das abends berichtete. Sie war damals vierzehn, gut zwei Jahre älter als ich.

Meine Gastfamilie stand im Ruf, besonders moralisch, sparsam und reinlich zu sein. Für mich galt darüber hinaus, daß ich wohl von besserer Herkunft als die meisten Fenndorfer sein müßte. Der evangelisch-reformierte Instinkt für Standesunterschiede (gepaart mit Schadenfreude, daß gerade die Reichen selten auserwählt sind) hatte auch diese katholische Enklave schon angesteckt. Es war selbstverständlich, daß ich oft gelobt und niemals geschlagen und bei Riek zu Hause rücksichtsvoll behandelt wurde.

Ich erzählte Riek vom Leben in den großen Städten im Westen des Landes. Da ich zehn Jahre alt war, als dieses Leben für mich endete, war ich gezwungen, mir vieles auszudenken. Daß sich vornehme Städter in langen Samtgewändern abends über unterirdische rollende Gehsteige ins Theater begaben, konnte Riek noch begreifen. Aber an die Spielzeugabteilungen von Kaufhäusern glaubte sie nicht, und Häuser mit mehr als zwei Stockwerken konnte sie sich schwer vorstellen.

Wie kamen die obersten Bewohner denn in ihre Wohnung? Allmählich verblaßte das auch für mich mehr und mehr, so wie ich mich auch an die niederländische Hochsprache (hier als »Südholländisch« bezeichnet) zwar erinnerte, sie aber seit langem nicht mehr sprach.

In Riek fand ich eine meist etwas zu dankbare Zuhörerin für meine Geschichten, ein Gegengewicht gegen die fruchtlosen Diskussionen daheim. Der Onkel las dreimal täglich nach dem Essen die unsinnigsten Geschichten aus der Bibel vor.

»Aber die Wissenschaft ...«, sagte ich.

Und unweigerlich bekam ich, in einem verächtlichen Ton, zur Antwort: »Was ist Wissenschaft?«

Das erstickende Gefühl der Ohnmacht, weder definieren zu können, was Wissenschaft sei, noch den Unterschied zwischen einer wissenschaftlichen Hypothese und den Dogmen, zu denen man sich hier bekannte, erklären zu können. Zu guter Letzt betete ich abends selbst zu ihrem Gott, daß er ihnen wenigstens im Jenseits offenbaren möge, was Wissenschaft sei.


War ich dankbar dafür, daß Fenndorf, zu rückständig und unbedeutend, um dort Besatzungstruppen oder deren holländische Henkersknechte zu stationieren, mir das Leben rettete? Zeigte ich mich dem Onkel und der Tante erkenntlich für ihre Auffassung von Christenpflicht: trotz ihrer Armut einem Judenkind, einem Stammesgenossen der Mörder Christi, unentgeltlich Unterschlupf zu gewähren? (Jesu Christi eigenes Judentum datierte gewissermaßen aus der

Zeit vor seiner Ermordung und wurde wenig betont.) War mir bewußt, welche Risiken sie freiwillig auf sich nahmen (in Veendorp wohnten mehrere NSB-Leute, und manchmal fuhr ein schwarzer Mercedes durch die Hauptstraße)?

Ich war sehr folgsam, in der Schule außerordentlich fleißig, nie krank, aber sonst?

Sie hatten mit ihrem ganzen lächerlichen Glauben (wenn man in der Bibel etwas nachschlagen wollte, durfte man auf keinen Fall das Inhaltsverzeichnis oder das Register zu Hilfe nehmen, sondern mußte die Reihenfolge der Bücher auswendig wissen, weil es ein heiliges Buch war) ja ohnehin »ihr Sach' auf nichts gestellt«. Sie rechneten weder mit einem guten Leben auf Erden noch mit einer Belohnung für ihre guten Werke im Himmel, denn nur sehr, sehr wenige waren auserwählt.

Sie riskierten ihr Leben für nichts und gewiß nicht für Geld, denn es wäre ihnen niemals in den Sinn gekommen, etwas anderes zu tun, als ihre Armut mit mir zu teilen.

Mein Verständnis und meine Dankbarkeit, soweit vorhanden, waren mit Verachtung und Abscheu gepaart.

Ich war froh, daß sie mich in die Schule schickten, eine Oase in dieser Moorwüstenei. Aber was für eine Schule! Es war offenkundig, daß ihrem Glauben nicht mit Menschen gedient war, die ein gewisses Maß an Bildung und einen kritischen Verstand besaßen. Wegen jeder Forke Heu, das gewendet werden mußte, wegen jeder Ernte, wegen jedes Wehwehchens der Mutter oder des kleinen Bruders bekamen die Kinder frei. Und mindestens anderthalb Stunden des Schultags wurden mit Beten, Psalmsingen, Bibellesen und Religionslehre verbracht. Ich hatte Tagträume von einer öffentlichen Schule, in der man etwas lernen konnte.

Trotz allem mochte ich den Onkel. Obwohl er in unseren Diskussionen nie nachgab, sich in letzter Instanz auf die Offenbarungen des Glaubens berief, die Gnade Gottes, die uns auf Wegen erreichen kann, die zum Verstand im Widerspruch stehen, glaubte ich doch manchmal einen Anflug von Zweifel in seinem Blick wahrzunehmen.

Als er, nachdem ich aus Fenndorf fort war, verhaftet und deportiert worden und nach menschlichem Ermessen umgekommen war, hörte ich nicht auf, ihn zu suchen und glaubte zuweilen, in zufälligen Passanten anderswo im Land seine Gestalt zu erkennen.

Ich hatte die Hoffnung, daß er durch den Schock des Konzentrationslagers zu einer kritisch intellektuellen Geisteshaltung gefunden hätte. Nicht imstande, nach Fenndorf zurückzukehren, stellte er sich tot; in Wirklichkeit aber hatte er unter einem anderen Namen ein neues Leben angefangen.

Samstags mußte ich das Pflaster rund ums Haus spritzen. Im Sommer war das die angenehmste meiner Aufgaben, im Winter, oft noch barfuß in der beginnenden Kälte, eine Qual. Viel später hat mir einmal ein Priester erklärt, warum ich es in Fenndorf so schwer hatte. Die jüdische Rasse hätte in diesem Krieg leiden müssen, und auch wenn ich nicht in einem Konzentrationslager gewesen sei, so hätte ich doch mein Gruppenschicksal teilen müssen. Unwissend in bezug auf Rassen und Gruppenschicksale spritzte ich unter systematisch weitergesponnenen Tagträumen die Pflastersteine. Kein Sandkörnchen und kein Grashalm durfte übrigbleiben, sonst wäre die Tante böse geworden.

Andere Pflichten, die mich zu immer zwanghafteren und schematischeren Träumereien nötigten, waren: die

Milchkannen reinigen und scheuern. Den täglichen Eimer Kartoffeln für uns drei schälen (ungefähr zwanzig pro Person). Diese Arbeit mußte ich auf der Klosettbrille sitzend verrichten, weil in Küche und Werkstatt kein Platz dafür war. Dadurch waren die Tagträume irgendwann so eng mit dem WC verbunden, daß ich später nur die Toilettentür hinter mir zu schließen brauchte, damit ein abgebrochener Tagtraum von selbst weiterlief, in Sätzen, die ich bald nicht mehr dachte, sondern hörte.

Im Gemüsegarten Unkraut jäten (die scheußlichste Aufgabe). So schön die Arbeit auf dem Feld ist (langsam grabend auf den Horizont zugehen und bei Einbruch der Dämmerung zurückkommen; Kartoffeln, Rüben und Rote Bete ernten; Heu harken, bündeln und auf die Reuter schichten; säen; dreschen), so ekelhaft und stumpfsinnig ist Gartenarbeit.

Das Schaf abends in den Stall bringen. Ich hatte große Angst vor ihm, machte die Stalltür weit auf und redete ihm von weitem gut zu.

Aus Leinsaat Öl pressen, mit einer primitiven Maschine. Weil es illegal war, mußte die Stalltür geschlossen bleiben. Tagaus, tagein war man von erstickendem Gestank umgeben.

Milch holen bei den Bauern. Auf einem alten Herrenrad fuhr ich abends fast eine Stunde über abgelegene Wege. Mehrmals mußte ich auf schmalen Holzstegen Wassergräben überqueren. Die Stege waren so schmal, daß ich hinter dem Rad gehen mußte; vor allem der Rückweg mit den vollen Milchkannen war eine Plackerei.

Die Melancholie des Abends, nichts als weite Moorlandschaften, ferne Gehöfte, Stille. Und dann kam ich in ein warmes Bauernhaus, wurde zuerst auf der Diele, dann in der Küche empfangen. Ich wurde mit Milch und Honigkuchen bewirtet, durfte meinen Stuhl schräg gegen die Wand kippen und reden. Es gefiel ihnen, daß ich ihren Dialekt so gut sprechen konnte, wahrscheinlich wohl noch mit leichtem Akzent, wodurch es interessant blieb. Manche populären Pfarrer redeten auch so.

Ich erzählte von Niederländisch-Indien, weil ich angeblich von dort stammte. In Wirklichkeit schöpfte ich mein Wissen aus *Blond und braun,* der Lesebuchreihe für die Christlich-Nationalen Schulen. Da sie vor zwanzig Jahren das gleiche Lesebuch gehabt hatten, erkannten sie etwas in meinen Geschichten wieder und fanden sie dadurch besonders interessant.

So oft wie möglich ging ich nach der Schule in die Heide. Dort war es zwar häßlich, aber ich konnte ungestört spielen, allein oder mit Harm und Oele, den Zwillingen des Kaufmanns aus dem Haus gegenüber.

Oft kletterte ich auf die krummen, sich im Wind wiegenden Heidebäume. Dann schaute ich zum Horizont und stellte mir vor, daß von dort die Befreier kämen.

Hoch zu Roß würden die Befreier kommen, in schnellen Wogen vom Horizont bis etwa zur Mitte der Heide. Dann würde Licht sein und Wärme. Man dürfte ungehindert alles lesen, die Kirchen würden geschlossen, es gäbe nur noch eine öffentliche Schule, und man würde über Wissenschaft reden können.

Es gäbe keine Mißverständnisse und keine Ungerechtigkeiten mehr. Riek würde nie mehr geschlagen. Ich könnte ihr laut aus den katholischen Heftchen vorlesen. In der

Schule kämen ein paar Klassen hinzu. (Ich war erschrocken, als ich eines Nachts darüber nachdachte, daß ich die achte und höchste Klasse fast abgeschlossen hatte. Wohin sollte ich danach? Die Schule war mein täglicher Zufluchtsort, die Ferienzeit ein Alptraum.)

Ich würde ein Junge werden und später, wenn ich erwachsen war, Lehrer oder Schriftsteller. Dann würde ich Riek heiraten, wir zögen in das schönste Haus von Fenndorf (in dem jetzt ein NSB-Mann wohnte) und wären sehr glücklich.

Oele fragte mich eines Tages: »Weißt du, wie man Hasen fängt?« Wir gingen zum Platz von Harm, Oele und mir: ein kahler Sandflecken unter einem Baum mitten in der Heide.

»Guck«, sagte Oele.

Zwischen den Wurzeln des Baums holte er ein Stück Draht hervor. Langsam bog er es zu einer Schlinge.

»So fangen Harm und ich Hasen. Stimmt's, Harm?« Harm nickte schweigend.

Die Zwillinge, nun neun Jahre alt, hatten völlig kahlrasierte Köpfe. Trotzdem mußte ihre Mutter regelmäßig den Läusekamm durch die Stoppeln ziehen. Sie sahen sich täuschend ähnlich; nur wenn sie sprachen, konnte ich sie auseinanderhalten.

»Warum fangt ihr Hasen?«

»Wir geben sie Mutter. Die kocht sie dann, und wir essen sie.«

In Gedanken sah ich mich auch mit einem gefangenen Hasen heimkommen. Der Onkel und die Tante würden sich bestimmt freuen. Wir aßen jeden Tag Speck, oft noch mit Härchen daran. Außerdem Kartoffeln und zum Nachtisch Brei. Sonntags warmen, klumpigen Pudding. Als ich einmal einen Sack Steckrüben mit nach Hause brachte, den mir ein Bauer für meine Hilfe gegeben hatte, war die Tante ausnahmsweise gut gelaunt. Sie hatte mir zugelächelt.

»Zeig's mir noch einmal.«
Nach einiger Zeit konnte ich auch eine Schlinge machen. Ich war zwar schon zwölf, aber in solchen Dingen waren die Zwillinge geschickter als ich. Wir stellten die Schlinge auf und gingen zu einem kleinen Sandhügel, von dem wir uns herunterrollen ließen. Wenn man schnell rollte, wußte man nicht mehr, wo man war. Es war ein tolles Gefühl.

Müde lag ich unten am Hügel. Plötzlich sah ich mich selbst: ein großes Kind von zwölf, mit bloßen Füßen, die Beine breit, der Rock ein wenig hochgerutscht vom Rollen. Ich war keine neun mehr wie die Zwillinge, und ich war kein Junge. Ich war ein großes Mädchen, und ich kam mir lächerlich vor.

»Ich muß jetzt nach Hause. Ich such' mir in der Werkstatt vom Onkel ein Stück Draht, und dann lege ich auch Schlingen.«

»Mach es aber hinter eurem Haus. Nicht hier auf der Heide, die gehört uns«, sagte Oele.

»Ja, ist gut.«
Lieber hätte ich meine Schlingen auch auf der Heide aufgestellt, aber ich sah ein, daß sie mehr Rechte hatten. Das Haus, in dem sie geboren waren und nun schon neun Jahre wohnten, grenzte mit der Rückseite an die Heide.

Nachdem wir Gebet, Bibellesen und Psalmsingen gehabt hatten und ich dachte, wir würden nun mit dem Rechnen anfangen, rief mich Lehrer Terpstra zu sich.

Ich hatte keine Angst. Nur Jungen bekamen Schläge, auch wenn sie nichts getan hatten. Zu den Mädchen war Lehrer Terpstra ausgesprochen nett. Die kleinsten nahm er oft auf den Schoß, wenn er mit ihnen redete. Die größeren berührte er mit dem Knie, wenn sie vor seinem Pult standen. Und hinter dem Torfschuppen auf dem Schulhof hatte ich einmal beobachtet, wie er mit Mientje Viskaal sprach, ihr über die Brust strich und in einem bäuerlichen Tonfall sagte: »Kriegst ja schon 'n orntlichen Vorbau, was.«

»Komm mal mit«, sagte er zu mir. Und zur Klasse: »Und ihr verhaltet euch ruhig. Ja, du bist auch gemeint, Herman.«

Im Vorübergehen gab er Herman eine Ohrfeige. »Das zur Warnung. Dein Vater hat mich gebeten, dir regelmäßig eine Lektion zu verpassen. Heute nachmittag versohle ich dir im Torfschuppen mit dem Stock den nackten Hintern, wenn du wieder störst.«

Die Klasse lachte. Lehrer Terpstra gab Herman noch eine Kopfnuß (»So, die hast du schon mal«) und ging mit mir über den Flur.

»Hör mal gut zu. Nächsten Dienstag bekommen wir in der Schule Besuch von Ingenieur Mussert und seinem Anhang.« (Er sagte »Inchenieur«, so wie sie hier auch »Könichin« sagten.) »Ich finde das ein bißchen gefährlich für dich. Mussert selbst wird bestimmt nichts merken, aber den Kerlen, die er bei sich hat, traue ich nicht.

Ich finde es freilich besser, wenn du an diesem Tag nicht zu Hause bleibst. Sonst könnten sie im Dorf mißtrauisch werden. Deshalb habe ich es so geregelt: Die beiden untersten Klassen setze ich zur dritten und vierten, weil das angeblich bequemer ist für den Besuch. Fräulein Grondhuis wird dafür sorgen, daß das Fenster in der untersten Klasse geöffnet ist. Ich mußte das mit ihr besprechen, aber sie ist auf der richtigen Seite, da kannst du unbesorgt sein.

Sobald ich die schwarzen Autos vom NSB sehe, gebe ich der Klasse ein Zeichen, daß sie aufräumen müssen und so. Zu dir sage ich: ›Hol mal eben die Liederbücher, die bei Fräulein Grondhuis im Schrank liegen.‹

Dann verläßt du schnell den Raum und kletterst in der Klasse von Fräulein Grondhuis, also an der Rückseite, aus dem Fenster. Du gehst dann nach Hause, nicht über die Straße, weil dich jemand sehen könnte, sondern hinten am Feld von Bauer Juurlink entlang und um die Scheune von Zwiep herum, und dann über die Heide. Hast du das verstanden?«

»Ja, Herr Lehrer.«

»Wenn die Klasse fragen sollte, wo du geblieben bist, wird Fräulein Grondhuis sagen, daß sie dich dabehalten hat, damit du ihr hilfst.«

Ich half nämlich öfter in der ersten und zweiten Klasse aus, zum Beispiel wenn die Lehrerin krank war. Dann gab ich dort Lesen und Rechnen.

Ich fand den Plan sehr umständlich und dachte, es wäre besser, wenn ich »krank« zu Hause bliebe. Aber in Fenndorf wurden Kinder selten krank. Und ein ganzer Tag zu Hause war kein Vergnügen. So sagte ich lieber nichts.

»Komm mal mit, dann werden wir sehen, ob du aus dem Fenster klettern kannst.«

Das Klassenzimmer von Fräulein Grondhuis war leer. Lehrer Terpstra öffnete das Fenster, ich kletterte auf eine Bank, und von dort aus stand ich mit einem Schritt auf der Fensterbank.

»Traust du dich, rauszuspringen?«

»Ja, Herr Lehrer.«

»Schön, dann komm mal wieder zurück.«

Er fing mich auf, als ich zurücksprang, und streichelte mir übers Haar. »Du brauchst keine Angst zu haben. So ist es gut abgesprochen, nicht?«

»Ja, Herr Lehrer.«

Als wir in die Klasse zurückkamen, ging es dort drunter und drüber. Lehrer Terpstra griff sich Herman heraus, und wir warteten totenstill, bis sie aus dem Torfschuppen zurückkamen. Herman, der nie weinte, versuchte sein Schluchzen zu unterdrücken.

»Und hier ist eine Nachricht für deinen Vater«, sagte der Lehrer. »Dann kann er dir heute abend noch mal eine Tracht Prügel geben. Das haben wir so abgesprochen.«

Dann begann die Rechenstunde.

Am Tag von Musserts Besuch ermahnte Lehrer Terpstra die Schüler, keine antideutschen Dinge zu äußern. Wir würden keine verbotenen Lieder singen wie sonst manchmal, aber auch keine deutschen. Er hatte zwei Lieder ausgesucht: »Wo der helle Saum der Dünen« und »Wem Niederländisch' Blut durch die Adern strömt, von fremdem Makel frei«.

Als von weitem das Geräusch von Autos zu hören war, sagte er: »Simone, hol doch mal die Liederbücher, die bei Fräulein Grondhuis im Schrank liegen, du weißt schon.«

Er sagte es mit so großem Nachdruck, daß ich das Gefühl hatte, die ganze Klasse müsse merken, daß etwas nicht stimmte. Errötend stand ich auf und verließ schnell den Raum. In dem leeren Klassenzimmer kletterte ich aus dem offenen Fenster und ging auf großen Umwegen nach Hause.

Auf dem Hof stand ein schwarzes SD-Auto. Ich erschrak und verzog mich wieder in die Heide.

Ein paar Stunden lang streifte ich ziellos umher, kletterte auf einen Baum, legte mich eine Weile in den Sand. Schließlich, als die Dämmerung hereinbrach, fand ich die Schlinge von Harm und Oele mit einem Hasen darin. Vorsichtig nahm ich das noch warme Tier heraus und nahm es mit. Das schwarze Auto war fort. Bevor ich ins Haus ging, sah ich noch nach meinen Schlingen, aber ich hatte nichts gefangen.

»Du kommst aber spät«, sagte die Tante.

Ich erzählte von Mussert und von dem schwarzen Auto, das ich vor unserem Haus hatte stehen sehen. Der Onkel lobte mich wegen meiner Umsicht. Es war ein Chauffeur aus Musserts Gefolge gewesen, der die Gelegenheit genutzt hatte, hier etwas Blei zu kaufen.

»Sehr klug von dir, daß du nicht ins Haus gekommen bist. Jetzt aber schnell die Pfoten gewaschen und an den Tisch.«

»Ich habe etwas mitgebracht.«

Ich ging zurück zur Werkstatt, um den Hasen zu holen, den ich dort auf der Türschwelle liegengelassen hatte, und brachte ihn in die Küche.

## Mauerstadt 1942

Frühmorgens flimmern die Mauern und Türme im Licht.
Schon jetzt ist es warm.

Ich verlasse das Haus, nachdem ich allein an dem von Tante Emma abends gedeckten Tisch gefrühstückt habe. Theo ist schon fort, wenn ich aufstehe. Tante Emma arbeitet hinten im Garten. Onkel Hein und Tante Saan, ihre Eltern, sind müde. Sie schlafen bestimmt bis elf. Tante An und Onkel Wiebe kommen erst morgen zurück. Onkel Hartog ist verreist, sagen sie.

Am Ende der Straße nehme ich den Weg nach links, in die Altstadt. Herrlich, was ich hier alles darf. Niemand achtet auf mich. Onkel Hein und Tante Saan sind zu alt. Ihre Kinder mit all den Freunden, Verlobten und Ehepartnern sind eine verwirrende, ständig wechselnde Gesellschaft. Für mich interessieren sie sich kaum. Die einzige, die sich ein wenig für mich verantwortlich fühlt, ist Tante Emma. Sie erlaubt mir, samstags zu baden. Aber nicht mal sie sagt, daß ich abends schlafen gehen muß oder was ich am Tag tun soll. Ich bin elf Jahre alt, und sie behandeln mich wie einen Erwachsenen, der zur Untermiete wohnt. Mein Zimmer muß ich selbst aufräumen und einigermaßen sauberhalten.

Sonst kann ich tun und lassen, was ich will. Nur zur Schule darf ich nicht.

Im alten Teil der Stadt sind noch Reste aus dem Mittelalter erhalten geblieben: niedrige Mauern und zwei runde Türme. Ein Teil der Mauern ist so breit, daß man auf ihnen gehen kann. Im linken Turm wohnt ein Junge. Er ist der Sohn des Königs. Sein Vater hat ihn nach einem Streit in den Turm verbannt. Der Sohn wollte gegen den Feind kämpfen, um das Land zu beschützen. Der König sagt: »Nein, wir müssen noch warten.«

Der Sohn will nicht warten. Er ist jung und ungestüm. Er schlägt seinen Vater. Der ist schrecklich betrübt. Den wilden Sohn sperrt er in den Turm.

»Sancho, hier bleibst du bei Wasser und Brot, bis du Reue zeigst. Dann vergebe ich dir vielleicht«, sagte der König.

Sancho ist traurig, daß er im Turm eingesperrt ist.

Aber er ist immer noch wütend darüber, daß sein Vater ihm verboten hat, gegen den Feind zu kämpfen.

»Ich will von hier entfliehen, und dann besiege ich den Feind, und dann ist mein Vater überrascht und dankbar, und das Land gehört mir.«

Vorige Woche habe ich Sancho versprochen, ihm bei seiner Flucht zu helfen. Jeden Morgen nehme ich etwas vom Frühstückstisch mit. Ein Scheibchen Käse, eine Brotkruste, ein Stückchen Zucker. Das vergrabe ich in der Nähe des Turms, damit Sancho etwas zu essen hat, wenn er herauskommt.

Außerdem ritze ich mit meinem Messer geheime Botschaften in die Bäume an der Straße, die von den Türmen ins Land hinein führt. Und mit einem Stück Kreide male ich Zeichen für ihn auf die Gehsteige und Hauswände.

Sancho wird den Turm mit Hilfe aneinandergeknüpfter Laken verlassen. Wir wissen noch nicht, wann. Am sichersten scheint es uns nächste Woche, wenn Neumond ist.

»Wann kommst du aus dem Turm?«

»Ich denke nächste Woche. Wenn es ganz dunkel ist. Alles liegt bereit: ein Plan vom Feldlager des Feindes, Waffen, alles.«

Wir sitzen am Ufer eines Flüßchens, am Rand eines grünen Waldes.

»Bitte sei vorsichtig. Ich möchte nicht, daß du stirbst.«

»Du wirst doch auch sterben. Jeder stirbt«, sagt Sancho. »All die Menschen, bei denen du jetzt wohnst: In hundert Jahren seid ihr begraben, alle. Dann bist du wieder dort, weißt du.«

Ich erinnere mich an das weite Dunkel, in dem sie schweben. Den schwärzlichen und dennoch hellen Schein. Die Stille. Das goldene Licht dahinter, wie durch eine dünne Wand.

»Du bist dann wieder überall, weißt du.«

»Sancho, bleib noch ein Weilchen bei mir. Geh noch nicht kämpfen. Ich bin allein unter all den Erwachsenen. Sie sind zwar nett zu mir, aber ich kann mit ihnen nicht so reden wie mit dir.«

Doch Sancho muß in den Kampf ziehen. Es ist seine Pflicht, den Feind zu besiegen. Ich habe Angst, daß er auf dem Schlachtfeld umkommt und ich ihn nie wiedersehe, wenn ich ihm aus dem Turm herausgeholfen habe. Aber es muß sein.

An manchen Abenden geht es im Haus lebhaft und fröhlich zu. Sämtliche Familienmitglieder sind versammelt. Theo und Tante Emma spielen auf der Gitarre, und alle singen mit. Sozialistische Lieder.

Bevor Hitler es verboten hat, waren hier alle in der SDAP, der Sozialdemokratischen Arbeiterpartei. Es war eine gute Partei, die wollte, daß es den armen Arbeitern bessergeht und daß auch Kinder aus armen Familien studieren können, wenn sie intelligent sind.

Ich hatte noch nie davon gehört, aber Onkel Hein hat es mir genau erklärt.

Daran kann man sehen, was für ein schlechter Mensch Hitler ist. Wenn man eine Partei verbietet, die möchte, daß arme Leute mehr Geld verdienen und bessere Arbeit kriegen und daß auch Arbeiterkinder studieren können, also wenn man dagegen ist, muß man ja wohl total verrückt sein. Manchmal denke ich, ich würde gern mal zum Hitler gehen und einfach ganz freundlich mit ihm reden und ihm das alles erklären. Dann müßte er es doch verstehen, und vielleicht würde er ja auch damit aufhören, die Juden umzubringen, wenn er sähe, daß es normale Menschen sind. Dann wäre der Krieg vorbei, und ich wäre berühmt.

Wenn ich so etwas denke, empfinde ich zugleich Ekel: als ob es ein schmutziger Gedanke wäre. Ich weiß nicht, warum.

Die sozialistischen Lieder gefallen mir. Sie singen sie sehr laut, alle zusammen, und wenn es spät wird, bleiben alle zum Schlafen hier. Dann wird Stroh ins Schlafzimmer geschüttet, auf das sie ihre Schlafsäcke legen, und wir liegen dort manchmal zu acht, Männer und Frauen gemeinsam.

Alles ist hier anders als anderswo. Auf so einer Gitarre wie der von Theo, mit Bändern geschmückt, würde ich auch gern mal spielen. Aber ich habe hier nichts. Keine Schule, keine Bücher, kein Spielzeug, kein Musikinstrument, keine Freunde. Nur Sancho, und der ist ja nur ausgedacht.

Wenn wir zu acht auf dem Stroh schlafen, merke ich wohl, daß Tante An und Onkel Wiebe und Theo mit seiner Freundin Els und Tante Emma und Onkel Hartog knutschen, vielleicht sogar miteinander ficken. Wenn er hier ist, schläft Onkel Philip neben mir. Ich finde es eigentlich schade, daß ich noch zu klein bin, um auch zu knutschen, vielleicht mit Onkel Philip, denn ich fühle mich hier schrecklich einsam. Ich gehöre zu niemandem, wie ein Erwachsener, aber die können wenigstens nachts zusammen in einem Schlafsack liegen. Ich schlafe immer allein, und der einzige, der mir wirklich zuhört und Zeit und Interesse für mich hat, ist Sancho, und ich habe Angst, daß er bald stirbt.

Eines Abends sitzen wir mit vielen Menschen im vorderen Zimmer und singen zur Gitarre, als es plötzlich klingelt.

»Simone«, sagt Onkel Hein.

Ich renne ins Hinterzimmer, wo es dunkel ist. Das Vorderzimmer ist hell erleuchtet. Ich kann die Leute im Vorderzimmer sehen, sie mich aber nicht. Wenn man vom Hellen ins Dunkle blickt, sind die gläsernen Schiebetüren wie ein Spiegel.

Ein Mann im Ledermantel kommt herein. Ich bemühe mich, mucksmäuschenstill zu sein: nicht husten, nicht niesen, wie man es mir gesagt hat.

»'n Abend Toon. Setz dich doch ein bißchen zu uns. Möchtest du Tee?«

Tante Saan sagt es sehr freundlich, aber das bedeutet noch nicht, daß der Mann auf unserer Seite ist. Er kann durchaus ein Nazi sein, zu dem sie sicherheitshalber freundlich sind.

»Na gut, ganz kurz. Ich trinke gleich aus, ich hab's eilig.«

Der Mann trinkt den Tee, den Tante Emma ihm einge-
schenkt hat. Ich sehe, daß auch Theo das Zimmer verlassen
hat. Er wird wohl im Keller sein.

Ich versuche, am Gesicht des Mannes zu erkennen, auf
welcher Seite er steht. Er hat rote Wangen, eine große Nase,
dünnes rotblondes Haar, blaue Augen, ein Kinn mit einer
tiefen Einkerbung. Es ist schwer zu sagen.

»Ich muß euch warnen«, sagt der Mann. »Die Sache ist die.
Ich will euch keine Scherereien machen, wir kennen uns ja
schon so lange, nich? Ich weiß vom Hörensagen, daß ihr ein
Judenkind im Haus habt. Eigentlich bin ich ja verpflichtet,
das zu melden. Aber auf der anderen Seite halte ich große
Stücke auf euch. Wir hatten immer eine gute Nachbarschaft.
Ich will euch nicht in Schwierigkeiten bringen nach dieser
ganzen Zeit.

Ich will damit sagen, Hein: Sorg dafür, daß das Judenkind
noch heute abend verschwindet. Melden muß ich es nun
mal, aber das mache ich erst morgen früh, und wenn sie
dann nachsehen kommen, finden sie nichts. Ich hab auch
nichts gegen das Kind persönlich, das kannst du mir glauben. Ich möchte wirklich nicht, daß das Mädchen und ihr
festgenommen werdet oder so. Aber von der Partei aus muß
ich nun mal Anzeige erstatten, wenn ich weiß, wo sich Juden verstecken. Das habe ich unserem Führer geschworen.
Also, wenn ihr jetzt dafür sorgt, daß sie schnell wegkommt,
dann kriegt ihr durch mich keine Ungelegenheiten.«

Onkel Hein ist kreidebleich geworden. Ich vermute, daß
er entsetzlich wütend ist, aber er sagt mit gepreßter, eisig
ruhiger Stimme: »Wird gemacht, Toon. Riesig nett von dir,
uns zu warnen. Wir werden tun, was du sagst. Danke schön,
daß du vorbeigekommen bist.«

Er geht zur Tür, so daß dem Mann Toon nichts anderes übrigbleibt, als aufzustehen und ihm zu folgen. Als er fort ist, reden alle durcheinander. Sie vergessen, mich zurückzurufen, und ich wage es nicht, von mir aus wieder hineinzugehen.

Onkel Hein kommt wieder ins Zimmer. »Dieser dreckige Lumpenhund hat im Flur noch zu mir gesagt, er hätte auch gesehen, daß Hartog Jude sei. Du mußt auch hier verschwinden, Hartog. Und Theo. Den schnappen sie sich zum *Arbeitseinsatz*. Das verdammte Schwein. Nach der Befreiung breche ich ihm eigenhändig alle Knochen.«

»Reg dich nicht so auf, Hein«, sagt Tante Saan. »Du weißt, daß das nicht gut für dich ist. Es war doch noch nett von ihm, daß er uns gewarnt hat.«

»In seiner Art ist er nicht der Übelste, aber die ganze Art taugt nichts«, sagt Tante Emma.

Endlich kommt Tante Saan und holt mich. Es ist schon elf Uhr abends. Theo wird sich bei Els verstecken. Onkel Hartog geht nach Amsterdam. Onkel Wiebe wird mich auf dem Fahrrad zu sich nach Hause mitnehmen, in eine Nachbarstadt. Mit dem Rad braucht man ungefähr drei Stunden. Eigentlich ist Sperrzeit, und sie haben nur ein Fahrrad. Darum kommt Tante An morgen früh nach, mit dem Zug.

Bei Onkel Wiebe zu Haus ist es mehr so wie früher bei uns. Es gibt Bücher, ordentliche Möbel, Betten in separaten Zimmern, keinen Boden voller Stroh und Schlafsäcke.

Wir sind stundenlang durch die Nacht geradelt, in der Kälte, und manchmal, wenn wir etwas zu hören glaubten, sind wir abgestiegen und haben uns hinter den Bäumen am Straßenrand versteckt.

Ich bin steif und durchgefroren, und es ist schon spät in der Nacht. Onkel Wiebe sagt, daß ich mich waschen und im Morgenmantel von Tante An noch kurz in die Küche kommen soll. Er will warme Milch für uns machen.

Ich schrubbe meine Knie, die jeden Tag sandig geworden sind, wenn ich Essen für Sancho vergraben habe. Jetzt werde ich wohl keine schmutzigen Knie mehr bekommen. Sancho wird von den Vorräten leben müssen, die ich für ihn versteckt habe. Und er muß sich allein aus dem Turm befreien.

Mit einem Mal fällt mir ein, daß ich die Geschichte von Sancho, aufgeschrieben in einem grünen Schulheft, unter meiner Matratze versteckt habe. Tagsüber lag es dort gut. Abends schrieb ich hinein, was wir an diesem Tag gemacht hatten. Ob sie das Heft nun finden? Ich tröste mich mit dem Gedanken, daß dort kaum geputzt wird und Tante Emma schon gar nicht die Matratzen wendet. Wenn sie irgendwann einmal unter die Matratze schauen, ist der Krieg vielleicht schon vorbei.

»Ich bin Lehrer hier im Ort«, sagt Onkel Wiebe, als ich in die Küche hinuntergehe, um mit ihm Milch zu trinken. »Vielleicht kann ich dir ein wenig beim Lernen helfen. Ich lasse dich lieber nicht in die Schule gehen, wir haben NSB-Kinder in der Klasse, und man weiß nie, was die ihren Eltern erzählen. Du hast ja gesehen, was heute abend passiert ist. Es ist noch einmal gutgegangen.«

»Werden sie nicht morgen kommen und Onkel Hein abholen?«

»Ich glaube nicht. Er ist schon so alt. Theo taucht natürlich unter, weil er achtzehn ist und zum *Arbeitseinsatz* müßte. Nein, ich glaube, daß es noch einmal gutgeht.«

»Ich habe solche Angst, Onkel Wiebe«, sage ich.

Es stimmt nicht ganz. Ich weiß genau, daß die Deutschen mich hier nicht finden werden, gewiß noch nicht heute nacht. Aber ich habe Sancho verloren, die Mauern, die Türme, mein Heft unter der Matratze. Bei Onkel Hein und Tante Saan habe ich mich unter all den Erwachsenen sehr allein gefühlt. Doch in diesem kalten, leeren Haus ist es noch einsamer.

Als ob er meine Gedanken lesen könnte, sagt Onkel Wiebe: »Weißt du was, heute nacht kannst du ja bei mir schlafen, im Bett von Tante An. Dann ist jemand bei dir, nicht.«

Im Dunkeln neben Onkel Wiebe im Doppelbett höre ich, wie er sich nach einer Weile bewegt. Mir ist klar, was er macht. In Theos Schrank habe ich einmal ein Buch gefunden, und da stand es drin, daß große Jungen bei sich selbst oft Mastrubantion machen, und daß man davon nicht krank wird und daß es nicht so schlimm ist. Es ist ein beruhigender Gedanke, daß Onkel Wiebe seine Mastrubantion macht, während ich dabei bin, als ob er mich schon lange kennt und mir wie einem Freund vertraut.

Während er tief aufseufzt, sinke ich in Schlaf.


Auch Tante An und Onkel Wiebe sind Sozialisten. Sie sind jedoch eine Generation jünger, wohl so um die Dreißig, und das ist zu merken. Ihre Art zu leben unterscheidet sich nicht so sehr von der meiner Eltern (»Bourgeois-Kapitalisten«, wurde mir erklärt). Nur, daß sie mir etwas mehr Freiheit lassen.

Ich darf alles lesen, was sie im Haus haben: Zola auf Niederländisch, Bücher über Psychologie, über sexuelle Dinge, über Astronomie, über Politik.

Und ich darf allein bei den Mauern umherstreifen, die den alten Fischereihafen dieser Stadt umgeben. Dort riecht es nach Tauen und Teer und alten Schiffern.

Jeden Morgen frage ich Tante An, ob ich zum Hafen gehen darf. Sie erlaubt es mir gern: Hausfrauen sind Dinge wichtiger als Kinder, Ordnung schaffen wichtiger als Geplauder, Vorankommen wichtiger als ein spielendes Kind.

Die Tore und Mauern bei dem kleinen Hafen bieten Stoff für neue Träumereien, aber diese Bauwerke bekommen keine Bewohner. Ich sehe sie mir nur von außen an und denke mir Geschichten aus über Jungen, die zur See müssen, über Entdeckungen und aufsehenerregende Funde. Das Weiß der Mauern hebt sich vor dem blauen Himmel hübsch ab.

Während der Tagträume, bei denen ich vor mich hin murmelnd mit schnellem Schritt meine Runden machte, spukte noch die Erinnerung an etwas anderes durch meinen Kopf: die Lektüre von Zolas *Germinal* in der niederländischen Übersetzung. Es ist mehrfach bewiesen, daß Kinder nicht das lesen, was in einem Buch steht. Die Lektüre, die sie zufällig in die Hände bekommen, weckt eigene Vorstellungen und Gefühle. Ich habe *Germinal* später nie noch einmal zu lesen gewagt, aber woran ich mich erinnere, ist folgendes:

Nacht. Es ist immer Nacht. Wie Blinde tasten sich die Menschen durch eine Welt aus Staub, grauen Röhren, rostigem Schrott, schwarzem Erz. Aufzüge befördern sie immer tiefer ins Dunkel. Dann werden sie auf kleinen Karren durch Gänge gefahren, so eng und niedrig, daß man fast darin erstickt. Nur in den Gängen ist rötlichgelbes Licht. Bei dieser spärlichen Beleuchtung müssen die Menschen mit Spitzhacken Erz aus den Wänden hauen. Das Erz wird auf die Karren geladen und nach oben, in die Nacht hinein transportiert.

Wenn die Bergleute wieder ins Freie kommen, stehen sie wie betäubt in der Dunkelheit: Augen, Nase und Ohren voll Staub, die zerfurchten Gesichter voll Schmutz. Daheim fallen sie erschöpft ins Bett, das aus Lumpen besteht.

Auf den Schlaf folgt das Dunkel und neue Arbeit. Unter ihnen ist eine Frau. Sie arbeitet wie ein Mann und sieht aus wie ein Mann. Sie ist die einzige unter diesen vertierten Menschen, die ein wenig zu denken vermag, die sich an das Licht erinnert. Eines Tages kriecht sie durch einen Stollen, und ein Mann nähert sich ihr von hinten und kopuliert mit ihr wie ein Hund.

*Germinal* handelt von der Herabsendung und Kreuzigung eines weiblichen Gottes.


Bei einem meiner stets schneller werdenden Rundgänge: über den Kai, durch das Tor, über den anderen Kai, zurück um das Tor herum und wieder an den Schiffen vorbei, am Wasser entlang, auf dem das Sonnenlicht glitzert, immer schneller und schneller, geschah es.

Ich erwachte auf dem Sofa im Wohnzimmer. Verwundert, daß ich mich nicht im Blau und Weiß des Hafens befinde, keinen Teer rieche, sondern Urin.

Überall Schmerzen. Kopfschmerzen.

Onkel Wiebe steht neben mir.

»Du bist gefallen, Simone.«

Ich begreife nichts.

»Man hat dich auf der Straße gefunden, am Hafen. Ein Schiffer, der dich wohl kannte, hat dich nach Hause gebracht. Hast du Schmerzen?«

Tante An pflegt mich, und Onkel Wiebe erklärt mir, daß es zu gefährlich für mich ist, noch einmal allein spazierenzugehen. Ich könnte ein zweites Mal fallen; diesmal hätte mich noch ein Schiffer gefunden, aber beim nächsten Mal könnte es auch die Polizei sein.

Ich muß erst einmal ungefähr sechs Wochen auf dem Sofa ruhen, denn ich könnte eine leichte Gehirnerschütterung haben. Das hat der Arzt gesagt, ein befreundeter Arzt aus einer anderen Stadt, der auf unserer Seite ist. Er wird ab und zu nach mir sehen, aber vorläufig verordnet er mir strenge Bettruhe.

Tagelang, wochenlang sehe ich nur die hellbraunen Möbel vor der hellgrauen Tapete statt des Hafens, der weißen Mauern, des blauen Himmels, der Sonne auf dem Wasser, der schwarzen Schiffe, der braungebrannten Schiffer. Das blaue Wollplaid, unter dem ich liege, schaue ich gern an, aber alles andere ist hellbraun und hellgrau. Ich darf vorerst nicht lesen.

Nach einer Woche kann ich Tante An erweichen, das Sofa schräg zu stellen, so daß ich aus dem Fenster blicken und einen schmalen Streifen der Mauern beim Hafen sehen kann. Nun kann ich wieder Geschichten machen über Jungen, die zur See müssen, denke ich. Aber die Geschichten werden mehr und mehr von der Wirklichkeit verdrängt.

Es ist eigenartig für mich, daß ich seit Monaten nichts mehr gelernt habe. Früher in der Schule, als ich noch bei meinen Eltern wohnte (manchmal bekomme ich einen Brief von ihnen, aber sie wissen nicht, daß ich krank bin, damit sie sich keine Sorgen machen), war ich fleißig, habe eifrig und hart gearbeitet. Nun vergesse ich immer mehr. Mit dem mitgenommenen Rechenbuch der sechsten Klasse kann ich allein nicht weiterarbeiten, und aus der Hilfe, die Onkel Wiebe mir versprochen hat, ist nie etwas geworden. Bald weiß ich gar nichts mehr. Dann werde ich später eben Laufbursche, wenigstens verdiene ich dann Geld.

Seit es mir etwas bessergeht, darf ich auf dem Sofa ein wenig spielen, nur noch nicht lesen. Von meinem Taschengeld kauft mir Tante An auf meine Bitte Karton. Einen dicken Bogen nehme ich als Untergrund. Ich mache Schlitze hinein, und in die Schlitze stecke ich senkrecht Figuren aus dünnerer Pappe: Häuser und Menschen, eine Stadt.

Ich darf meinen Eltern nicht viel schreiben, aus Sicherheitsgründen und um sie nicht zu beunruhigen. Aber die Kartonstadt kann ich ihnen schicken, als Geschenk zu ihrem Hochzeitstag im nächsten Monat. Es wird eine festliche Stadt, mit fröhlichen, bunten Häusern und Menschen. Um die Stadt herum mache ich eine Mauer, eine stabile Mauer mit Türmen.

Am letzten Tag, als Tante An sagt, daß sie das Paket nachmittags zur Post bringen will, mache ich noch einen Menschen dazu: einen Jungen. Er steht draußen vor den Mauern, hämmert mit Kopf und Händen dagegen. Für ihn unsichtbar, an der anderen Seite, ist ein kleines Tor.

Der Arzt ist mit mir zufrieden, weil ich mich so brav ausgeruht habe. Tante An erzählt, was ich gegessen und wie ich geschlafen und daß ich eine Stadt aus Karton gebastelt habe. Der Arzt bittet sie, uns einen Moment allein zu lassen. Er setzt sich mit ernstem Blick zu mir. Ich soll ihm erzählen, ob ich früher schon einmal so gefallen bin.

»Noch nie.«

Ob ich unglücklich bin, ob ich oft an meine Eltern denke.

»Nein.«

Ob ich lieber in einer anderen Familie wohnen möchte.

»Wo ich zur Schule gehen kann?«

Ja, vielleicht eine Familie, bei der ich zur Schule gehen kann.

»Bei Tante An und Onkel Wiebe ist es ganz prima«, sage ich vorsichtig. »Aber eine Schule wäre natürlich noch schöner. Ich bin erst elf und weiß noch nicht genug. Ich war nur fünf Jahre in der Grundschule.«

Ich zeige dem Arzt das Rechenbuch, mit dem ich nicht weiterkomme.

Danach ist er eine Weile bei Tante An im Hinterzimmer. Ich höre ihre Stimmen durch die geschlossenen Schiebetüren, verstehe aber nicht, was sie sagen.

Und weiter geschieht nichts. Eine Zeitlang versuche ich herauszufinden, was sich in Tante Ans und Onkel Wiebes Haltung mir gegenüber verändert hat. Aber offenbar bleibt alles beim alten. Über einen neuen Unterschlupf wird nicht mehr geredet. Ebensowenig über einen Schulbesuch. Ich lese nun wieder ausgiebig, hauptsächlich *Das Kapital* von Marx. Eine niederländische Übersetzung auf grobem Papier, von der ich nichts begreife. Aber der Umfang und die von ihnen betonte Wichtigkeit des Buches fesseln mich.

Noch immer liege ich viel auf dem Sofa, als eines Tages ein kleines Mädchen vor mir steht.

»Besuch für dich, Simone«, sagte Tante An.

Das Mädchen ist etwa zehn und heißt Goetheer. Gerrie Goetheer. Sie riecht nach dem Armeleuteviertel, aus dem sie kommt, aber sie ist folgsam und freundlich. Wahrscheinlich haben sie ihr gesagt, daß ich noch krank bin, denn sie tut alles, was ich möchte. Ich schlage vor, was wir spielen, wie wir es spielen und wann wir aufhören, um etwas Neues anzufangen. Gerrie Goetheer läßt mich gewähren. Nach ein paar Stunden habe ich keine Lust mehr zu spielen und frage sie, ob ich ihr Geschichten erzählen darf.

Ja, das findet sie sehr interessant.

Gerrie setzt sich dicht neben mich, auf den Rand des Krankenbettes, und ihr merkwürdiger Geruch hüllt mich ein wie große Flügel. Ich erzähle ihr von Jungen, die zur See flüchten, und von Abenteuern auf fernen Schatzinseln. Dann ist es sechs Uhr, und sie muß nach Hause. Aber von nun an wird sie jeden Nachmittag kommen, wenn sie ihrer Mutter nicht zu helfen braucht.

Mit Gerrie Goetheer als Resonanzboden wurde ich schnell wieder gesund. Bald waren der Sturz und die lange Rekonvaleszenz vergessen, und wir spielten zusammen im Freien. Allein durfte ich nicht mehr aus dem Haus, aber der Grund dafür war schon vage geworden.

Ich zeigte Gerrie meine Plätze beim Hafen: die Mauern, das Tor, den Kai, die Taue und Duckdalben, die Fischerboote. Sie nahm mich mit vor die Stadt, wo sie eine verlassene Müllkippe kannte. Man brauchte nur über einen Wassergraben zu springen und durch ein Loch in einem morschen Bretterzaun zu schlüpfen, um dort auf Schatzsuche gehen zu können. Manche Kinder hatten Uhren, Geld, Fotoapparate und andere Kostbarkeiten einfach so in den Abfällen gefunden, wußte Gerrie. Wir fanden nie etwas außer kaputten und schmutzigen Gegenständen, deren Wert wir voreinander aufbauschten.

Wenn wir lange genug gesucht hatten, setzte sich Gerrie zwischen dem Müll auf die Erde, und ich durfte sie anfassen.

Das gefiel mir ausnehmend gut. Meist spielten wir, daß ich ihr Chef war und sie die Angestellte, die des Diebstahls verdächtigt wurde. Nachdem ich eine ausgiebige Leibesvisitation gemacht hatte, wollte Gerrie manchmal von mir gehauen werden. Zuweilen versetzte ich ihr tatsächlich ein paar Schläge, aber das reizte mich nicht. Die Leibesvisitation jedoch, die jedesmal verlegen begann und dann schnell dreister wurde, sagte mir sehr zu. Schließlich gingen wir gar nicht mehr zum Hafen, sondern jedesmal gleich zur Müllkippe. Und statt erst viel Zeit mit der Suche nach goldenen Ringen und Füllhaltern zu vergeuden, bat ich Gerrie, sich gleich hinzulegen, und sie hatte auch nichts dagegen.

Tante An und Onkel Wiebe waren von meiner Freundschaft mit Gerrie sehr angetan. Dank ihres hochgestimmten Sozialismus war gegen Gerries Herkunft aus dem Armeleuteviertel nichts einzuwenden, und ihren modernen pädagogischen Ansichten wurde Genüge getan, weil ich nun nicht mehr so oft allein spielte, las oder in Tagträume versunken war.

Als Gerrie von einem Tag auf den anderen nicht mehr erschien, war ich verzweifelt. Tante An erkundigte sich für mich nach dem Grund: Mußte sie vielleicht ihrer kranken Mutter helfen? Nein, das war nicht der Fall. Gerrie verließ noch immer nachmittags nach der Schule, nachdem sie im Haushalt geholfen hatte, die enge Wohnung, um draußen zu spielen. Wo war sie dann? Warum kam sie nicht mehr, um mich abzuholen?

Ich vermutete, daß Gerrie aus mir unbegreiflichen Gründen ohne mich zur Müllkippe gehen wollte, aber diesen geheimen Lustgarten durfte ich Tante An nicht verraten. Und allein durfte ich nicht aus dem Haus. Traurig wusch ich mir abends die Knie, die sehr sauber blieben, nachdem ich nun nicht mehr im Schmutz kniete.

Eines Tages kam Bob Oskam, ein Junge aus Onkel Wiebes Klasse, nach der Schule vorbei, um ein Buch abzugeben. Schnell fragte ich Tante An, ob ich mit ihm ein wenig draußen spielen dürfte. Nach kurzem Zögern: »Sag, daß du aus Vlaardingen kommst und evakuiert bist und hier für ein paar Wochen, nein, sag besser Monate, wohnst«, erlaubte sie es.

Bob Oskam war wahrscheinlich erstaunt, daß ich mit ihm, er war schon dreizehn und wir kannten uns nicht, spielen wollte. Aber er traute sich nicht, dem Gast seines Lehrers etwas abzuschlagen. Sobald wir draußen waren, erklärte ich ihm, daß ich zu der geheimen Müllkippe wollte. Er sah mich verwundert an.

»Dorthin gehen nur die Kinder aus dem Armeleuteviertel.«

»Ja, aber ein solches Kind suche ich ja gerade, sie heißt Gerrie Goetheer. Wir haben dort oft zusammen gespielt.«

Es machte mir nichts aus, daß ich nun in der Achtung des Jungen gesunken war. Ich wollte zu Gerrie.

Nach einem halbstündigen Fußmarsch waren wir an der Müllkippe: ein graues holpriges Viereck im grauen Feld unter grauem Himmel. Dort lag sie. Ihre ungewaschenen blonden Haare lagen ausgebreitet im Unrat. Ihr grauer, beschmutzter Rock war hochgeschoben. Über ihren Beinen kniete ein großer, mir unbekannter Junge.

Gerrie erschrak nicht einmal, als sie uns sah. Sie schob den Jungen von sich weg und winkte mir zu.

»Ich hab' einen Freund. Darum bin ich nicht mehr gekommen. Ist das dein Freund?«

»Ich konnte mir nicht erklären, warum du auf einmal weggeblieben bist«, sagte ich. »Willst du jetzt nicht mehr mit mir spielen?«

»Laß uns doch zu viert hier liegen«, sagte Gerrie.

»Der Junge da auf dir und Tonnie auf mir.«

Plötzlich geriet ich außer mir vor Wut. Ich gab Gerrie die Schläge, um die sie mich so oft gebeten hatte. Ich schlug sie fest ins Gesicht und zielte dabei auf Nase und Augen, die empfindlichsten Stellen. Ihre Nase fing an zu bluten, und die Jungen hielten mich gemeinsam von hinten fest.

»Laßt mich los. Laßt mich verdammt noch mal los.« Ich stieß den fremden großen Jungen in den Magen, daß er sich stöhnend zusammenkrümmte. Vergebens schlug ich nach Bob Oskam, aber ihn wollte ich auch lieber nicht treffen. Er war in Onkel Wiebes Klasse und könnte alles verraten.

Ich schlug Gerrie wieder mit der flachen Hand auf die Wange, bis sie weinte.

»Du bist eine dreckige, stinkende Proletarierin«, sagte ich, während ich durch und über den Müll weghinkte, bevor die Jungen mich wieder packen konnten.

Ohne mich noch einmal nach den dreien umzusehen, die dort bis in alle Ewigkeit versteinert aufeinanderliegen würden, kroch ich durch das Loch im Bretterzaun nach draußen.

## Lichtstadt 1941

In den ersten Tagen fiel mir auf, daß es in ihrem Haus so anders roch. Ein herrlicher Duft: eine Mischung aus dörrenden Apfelringen auf dem Dachboden, vier Mädchen in der Schlafetage, Marmite in der Küche und deutschen Büchern im Regal. Alles zusammen ergab einen Geruch, den ich noch nicht kannte: den Geruch intellektueller Ruhe.

Die deutschen Bücher waren von Goethe, Schiller, Nietzsche, Stefan George und Rudolf Steiner. Ebenso wie Marmite durfte man sie nur in kleinen Dosen genießen. Ich konnte übrigens fast kein Deutsch.

Anfangs schlief ich mit den beiden älteren Mädchen in einem Raum. Ein großes, schönes Zimmer, das an der Vorderseite auf eine stille Allee hinausging. In der Tür zum Flur befand sich ein Loch mit einem Glas davor, durch das man nichts sehen konnte. Ich fragte das älteste Mädchen, Tarquinia, wozu dieses merkwürdige Loch gut war.

»Meine Eltern sehen da hindurch nach uns«, sagte sie, »wenn wir schlafen.« Ich stellte mich im Flur auf Zehenspitzen vor das Loch und hatte nun das Schlafzimmer voll im Blick. Diese barbarische Bespitzelung, die ich nicht für möglich gehalten hätte, machte mich ängstlich und wütend.

**71**

»Mach das Loch doch einfach zu«, sagte ich zu Tarquinia. »Dann können sie nichts mehr sehen.« Tarquinia traute sich zuerst nicht, aber ich überredete sie, und wir klebten ein Stück Papier vor das Loch.

Noch am selben Abend, ich war damals vier Tage in meinem ersten Versteck, kam alles heraus, und von da an konnte ihre Mutter mich nicht ausstehen.

Schon bald wurde ich auf den Dachboden verbannt, weil ich zu viel Unruhe unter die Mädchen brachte. Ich konnte dort heimlich von den Apfelringen essen, immer nur kleine Stückchen. Außerdem las ich, mit meiner Taschenlampe unter der Decke, halbe Nächte *Don Quijote* in einer niederländischen Bearbeitung für Kinder.

In der angrenzenden Dachkammer schlief das Hausmädchen ihren erschöpften Schlaf. Ich erschreckte sie, als ich bei Vollmond schlafwandelnd herumpolterte und ihr Zimmer betrat.

Im Spielzimmer in der ersten Etage, neben dem Mädchenschlafzimmer mit dem Guckloch, machte ich Scheiterhaufen aus Streichhölzern, wenn Frau Grünberg nachmittags nicht zu Hause war. Eines Tages kam sie früher als erwartet zurück: Ich stand gerade mit meiner lodernden Untertasse vor dem Fenster.

Kaum elf Jahre, den Kopf voller Streiche und kritischer Fragen, mußte ich in dieser sanft-ethischen, musikalischen, *Weihnachten* feiernden Familie wie vom Teufel gesandt erschienen sein. Mein Einfluß insbesondere auf Tarquinia war groß. Frau Grünberg – für mich wurde sie nie eine Tante – muß ich in beunruhigende Gewissenskonflikte gestürzt haben.

Ich klebte ihre deutschen Türspione zu. Ich war eine Brandstifterin. Ich las alles. Ich schlafwandelte. Ich spielte

auf dem kleinen Platz schräg vor dem Haus mit den ein-
fachsten Arbeiterjungen Fußball. Ich entdeckte, daß Frau
Grünberg menstruierte. (Die Toilette, meine köstliche
Traumzelle, voll mit Blut und einer blutigen Binde, nachdem sie überstürzt zum Telefon gelaufen war.)

Als sie mir lieb erklärte, was später mit großen Mädchen
geschieht, erzählte ich ihr, daß ich beabsichtigte, mich noch
vor dieser Zeit in einen Jungen zu verwandeln.

Seitdem durfte ich manchmal in alten Knickerbockers
und Kniestrümpfen von Herrn Grünberg herumlaufen.
Wenn die Männerkleidung unordentlich saß und verrutscht
war, sagten sie: »Auch ein Junge muß sich ordentlich klei-
den, Simone!«

Fünf Monate wohnte ich bei ihnen, und ich war sehr
glücklich.

Auch meine Eltern hatten in Lichtstadt einen Unterschlupf
gefunden. Ich besuchte sie ab und zu in dem Arbeiterhäus-
chen, in dem sie jetzt wohnten. (»Man könnte die Wände
hochgehen, immer in diesem kleinen Zimmer.«)

Nach einigen Monaten durften sie vierzehn Tage in einem
Bungalow im Wald verbringen, der einem Fabrikanten gehörte, und ich durfte mit. (*Ein kurzer Friede im Hause Grünberg*. Notgedrungen ließ ich Nietzsche zurück.)

Der Wald war groß und kühl, das ganze Gelände Privatbe-
sitz, es gab sogar einen großen Moorsee, in dem man beim
Schwimmen ganz sandig wurde.

Ich schlief dort im obersten von drei Etagenbetten in einem kleinen Raum. Manchmal, wenn Besuch da war, durfte
ich sogar in die Hängematte, die im Eßzimmer aufgehängt
werden konnte.

Vom Krieg war hier nichts zu merken, die Moffen brauchte man kaum zu fürchten. Jeden Tag stieg ich mehrere Male
auf die Leiter, die an der Seitenwand des Bungalows lehnte.
Von der höchsten Sprosse konnte ich über die Baumwipfel
zu einem diesigen Horizont voller Kirchtürme und Sattel-
dächer blicken.

Bittersüße unbestimmte Wehmut kurz vor der Pubertät!

Wie hübsch dieser Horizont war, mit all den katholischen
Kirchen im holländischen Grau, den katholischen Bauern-
höfen voll katholischem Schmutz, den katholischen Ar-
beiterhäuschen voll Dreck und Gestank. Diesiger, grauer
Nebel herrschte immer über diesem Horizont (nie schien
vollauf die Sonne) – wie gern wäre ich dort gewesen. Dazu-
gehören: ein katholischer Junge sein, das sechste von dreizehn Kindern, sechs Jahre zur katholischen Schule gehen
und dann in die Fabrik. In der Abenddämmerung Fußball
spielen und alle zwei Minuten »Elfmeter! Elfmeter!« rufen.
So wie alle anderen aussehen und von allein kapieren, was
sie meinen.

Mit den Jungs, mit denen ich auf der Straße Fußball spielte, hatte ich manchmal Konflikte. Da kam unversehens einer, der nicht mitspielen wollte, weil »ein Weib« dabei war.
Und die schon seit Wochen meine Freunde waren, verrie-
ten mich binnen fünf Minuten. Am nächsten Tag durfte ich
dann wieder mitmachen, als Mittelstürmer oder Rechtsau-
ßen oder Torwart, aber warum?

Auch aus den Grünbergs wurde ich nicht schlau. Da besaßen sie nun all diese Bücher, aber wenn man sie las, fanden
sie das nur lala. Und wenn man etwas in der Art äußerte,
wie es auch ihr bewunderter Nietzsche hätte sagen können,
war man »sehr kritisch« (in einem kritischen Tonfall gesagt).

»Man darf nicht immer nur mit dem Verstand denken«, erklärten sie mir. Aber ihrem bewunderten Rudolf Steiner zufolge war das Denken das Tor zur geistigen Wirklichkeit.

Herr Grünberg war Revisor. Wenn die Mädchen in der Schule waren, las ich gern in seinen Büchern über Algebra und Finanzmathematik.

»Ein Mädchen sollte sich lieber mit Kunst beschäftigen als mit Mathematik und Technik«, wurde mir vorgehalten.

Dabei waren sie mächtig stolz darauf, daß Herr Grünberg ein tüchtiger Revisor war. Was war dann so Schlimmes an seinen Fachbüchern?

Und gleichzeitig fand ich sie so sympathisch, so gebildet, so ruhig und beherrscht, so kultiviert. Ich wollte nichts lieber, als zu solchen Menschen gehören. Dafür wollte ich auch gern Deutsch lernen und Kunstverständnis besitzen und Weihnachten »Oh Tannenbaum, oh Tannenbaum« singen.

Und zu meinen Eltern gehörte ich auch nicht. Als ich Vater etwas über Nietzsche fragte, sagte er: »Weißt du, was daheim in Wasserstadt über der Tür der Stadtbibliothek steht?«

Obwohl ich mir dort dreimal die Woche Bücher ausgeliehen hatte, war mir nie aufgefallen, daß über der Tür etwas stand.

»Ein Spruch von Vondel, vom großen Vondel«, sagte Vater. »Dort steht: ›Viel wissen kann nicht immer nützen, aber manchmal schaden.‹«

Er sah mich dabei lächelnd, aber doch ernst an.

In diesem Augenblick überkam mich das Gefühl, daß eine dritte Person im Zimmer war, ein Auge, das uns über meine Schulter beobachtete. Das Auge betrachtete meinen Vater mit Wohlgefallen (»viel wissen kann nicht immer nützen«) und mich mit Abscheu (»man darf nicht so kritisch mit dem Verstand denken«).

»Ob er damit meint, daß ich später verrückt werde?« dachte ich. »Oder ein schlechter Mensch?«

Aber sie sehen es doch gern, wenn ich mein Möglichstes tue, wenn ich in der Schule durch gute Leistungen glänze, wenn ich sogar jetzt noch etwas lerne, obwohl ich wegen der Moffen nicht zur Schule gehen kann, und wenn ich später das Gymnasium besuche. Was meinen sie dann eigentlich?

Und Mutter warnte mich vor schlechten Männern, die sich im Wald herumtreiben könnten, wenn ich im Moorsee schwimmen ging. Und vor dem abendlichen Fußballspielen mit fremden Jungen, wenn ich wieder bei der Familie Grünberg wäre.

»Ich bin doch selber ein Junge. Was können mir andere Jungen denn Böses tun?« Sie begreift überhaupt nichts. Sie denkt doch wohl nicht, daß ich später heiraten und mein ganzes Leben mit Staubwischen und Kochen und Kloscheuern vergeuden werde?

Aber das hatte sie auch gar nicht gedacht. Sie dachte, daß ich später studieren und selbst arbeiten und vielleicht irgendwann einen älteren Mann heiraten würde, der mich meine eigenen Wege gehen ließe.

»Dann kann ich nun also doch mit den Jungen Fußball spielen?«

»Ich kann es dir nicht verbieten, aber ich finde es nicht klug.«

Das soll nun einer begreifen. Kippelnd auf meiner hohen Leiter blickte ich voller Sehnsucht in die Ferne, zu dem dunstigen, ewig grauen Horizont mit den schwarzen Konturen der Kirchtürme und Dächer.

Bei der Familie Grünberg wohnte nun auch ein Onkel, der Bruder von Frau Grünberg, der an der Universität Mathematik studiert hatte. Die Moffen hatten die Universität geschlossen, oder er durfte sie nicht mehr besuchen, das war mir nicht ganz klar. Auf jeden Fall hatte Onkel Christfried nun den ganzen Tag nichts zu tun und vertrieb sich die Zeit damit, mir Unterricht zu geben. Tagsüber saßen wir im Vorderzimmer mit all den deutschen Büchern an Herrn Grünbergs Schreibtisch.

»Schau, du hast zum Beispiel 2a. Jetzt ziehe ich ein a davon ab. Was bleibt dann übrig?«

»A«.

»Richtig. Wenn ich 2a abziehe, habe ich genau null, nicht wahr. Aber nun subtrahiere ich 3a. Was kommt dann raus?«

»Das geht nicht.«

»Wir vereinbaren, daß es doch geht. Wenn uns etwas fehlt, zum Beispiel ein a, dann nennen wir es ›minus a‹ oder ›minus 2a‹ oder ›minus $n$ a‹, dann können wir subtrahieren, so viel wir wollen.«

Er war mehr Gelehrter als Didaktiker, der Onkel Christfried. Er war auch ziemlich ungeduldig, launenhaft und bar jeglichen Kunstsinnes und jeder nichtkritischen Intuition, in der seine Schwester ihr Heil suchte. Aber er war der einzige Mensch, bei dem ich begriff, was er meinte. Wir hätten Zwillinge aus einer katholischen Familie sein können.

Ich hatte ungefähr eine Woche Unterricht gehabt, als wir eines Nachmittags mit den linearen Gleichungen mit einer Unbekannten begannen.

»Angenommen, 8x + 5 ist gleich x + 26. Was mußt du jetzt tun?«

In diesem Augenblick wurde geläutet, heftig und lange. Onkel Christfried warf einen Blick aus dem Fenster, zischte mir zu: »SD!« und zerrte mich vom Stuhl, durchs Hinterzimmer in den Flur, durch die Küche (»SD«, rief er seiner Schwester zu, die Geschirr abwusch und gerade zur Haustür gehen wollte. »Öffne beim dritten Läuten!«), durch den Garten hinterm Haus.

»Kletter über den Zaun«, sagte er laut und stützte mich.

Kurz darauf rannten wir durch den Garten fremder Leute und durch eine fremde Küche. Onkel Christfried stieß eine verdutzte Hausfrau grob gegen die Spüle, rannte im Flur eine Vase und einen Schirmständer um, öffnete die Haustür und sagte: »Jetzt schnell, aber ruhig gehen.«

In welche Richtung? Wir entschieden uns für den Weg nach rechts. Und schon spazierten wir durch den Wald: Der junge Onkel unternimmt mit seiner kleinen Nichte einen Ausflug ins Grüne, um die Hausfrau zu entlasten.

»Mensch, Simone, weißt du, wo wir hinkönnen? Was sollen wir tun? Zurück können wir nicht. Oh Gott, ich hoffe nur, daß sie Henriette nicht verhaften.«

In diesem Augenblick, im Lichtstadtwald, von den Lichtstadtfabrikanten zur Erholung der Lichtstadtarbeiter angelegt, hatte ich eine Offenbarung. Mit einem Mal sah ich, daß Onkel Christfried ein Junge von ungefähr zwanzig war. Ich war elf, und auch wenn ich mir nun einbilden konnte, ebenfalls ein Junge zu sein, so besaß ich doch etwas, was Onkel Christfried nicht hatte und niemals haben würde: eine mütterliche Fähigkeit, zu beruhigen, ein warmes Gefühl der Geborgenheit zu geben.

»Wir könnten zum Versteck meiner Eltern gehen«, sagte ich. »Es ist nicht sehr weit von hier.«

»Eine gute Idee. Das müsste schon ein großer Zufall sein, wenn der *Sicherheitsdienst* auch dort auftaucht. Wir müssen nur aufpassen, ob wir keine verdächtigen Autos in der Gegend sehen.«

Wir beschlossen, bis zum Einbruch der Dunkelheit zu warten, und setzten uns auf eine Bank noch etwas tiefer im Wald.

»Was möchtest du später werden?« fragte Onkel Christfried.

So etwas Persönliches hatte er mich noch nie gefragt. Die Angst hatte ihn menschlicher gemacht.

»Wenn der Krieg vorbei ist und die Moffen ihn verlieren, muß ich natürlich erst noch aufs Gymnasium«, sagte ich. »Und danach möchte ich vielleicht gern zur Universität, so wie du.«

»Was willst du denn studieren?«

»Ich würde vielleicht Physik studieren, in Delft, oder Elektrotechnik.«

Onkel Christfried sagte nicht: »Das ist nichts für ein Mädchen.« Er fand es ganz normal. Er sagte nur: »Die Moffen können nicht siegen. Sie sind so dumm. Für kurze Zeit haben dumme Menschen immer einen Vorteil, weil intelligente Menschen nicht voraussehen können, was sie vorhaben, gerade weil es so dumm ist. Beim Schach schlägt ein Anfänger zuweilen auch unerwartet einen guten Spieler. Aber das passiert nur einmal. Und auf die Dauer werden die Alliierten diese hysterischen Schweine bestimmt besiegen.«

Ich hoffte, daß er recht hatte.

»Nach diesem Krieg müssen wir nur dafür sorgen, daß das Gesindel nie mehr die Chance bekommt, wieder eine Waffenindustrie aufzubauen. Deutschland in kleine Stücke aufteilen: ein Teil zu Frankreich, einer zu England, ein Stückchen für Amerika, eines für Schweden und so weiter. Ein Stückchen für die Russen notfalls. Wenn sie nur niemals wieder ein großes Land bekommen, diese sentimentalen Dreckskerle, und keine Erlaubnis für eine Armee und für Waffen, dann ist die europäische Kultur gerettet.«

## Wasserstadt 1940

*Hast du Schmerzen? Nein, ich habe keine Schmerzen.* Das Rauschen des leeren Heizungsrohrs. *Ein Glas Wasser? Soll ich dir ein Glas Wasser holen? Nein, ich habe keine Schmerzen.* Schüttelfrost. Mein Arm auf der Decke wird steif.

*Wird es schnell vorübergehen? Nein, ich spüre nichts. Taumelo wasumtok, megoli benaus.* Eine Art Rumoren.

Jeden Abend lege ich mein Ohr ans Heizungsrohr und lausche den Gesprächen, von wo? Vielleicht ja aus dem Wohnzimmer, in dem meine Eltern nun ihr geheimes Abendritual abhalten. Es ist, als ob man schnell die Augen aufmacht: im gleichen Moment ist es verschwunden. Oder als ob man sich schnell umschaut.

Ich kann abends mit einer Ausrede wieder ins Wohnzimmer kommen. »Ich hab' solchen Durst.« »Ich kann nicht schlafen.« »Der Verband am Knie ist schon wieder abgegangen.«

Aber es ist alles vergebens. In dem Moment, in dem ich, die Neunjährige, die Tür des Abendzimmers öffne, ist das Abendgeheimnis fort.

Wenn dies Gespräche meiner Eltern sind, ist es großartig, daß ich sie nun durch die Rohre hören kann. Aber es können auch die Stimmen der Nachbarn unter uns sein, und manchmal höre ich verschiedene Dinge durcheinander oder nur unbestimmte Geräusche, oder nichts, fast nichts.

»Megoli benaus«, das könnte Persisch sein. Persisch ist das Geheimnis des Schlafs. Wo bin ich, wenn ich schlafe? Ist in Persien Tag, wenn bei uns Nacht ist?

Vielleicht lebe ich dann in der Nacht als ein persischer Prinz. Solange ich dort bin, weiß ich nichts von hier. Solange ich hier bin, erinnere ich mich nicht an Persien.

Ich könnte mir ein blaues Band ums Knie binden, als Erkennungszeichen für mich. Aber das ist natürlich Unsinn. Dieser Körper bleibt hier im Bett. Nur die Seele lebt während des Schlafs in einem anderen Körper. Warum gibt es keine Verbindung? Und warum frage ich mich so etwas nie, wenn ich in Persien bin? Aber gerade daran kann ich mich nicht erinnern. Jetzt, in diesem Augenblick, in diesem Bett neben der Heizung, weiß ich, daß ich schon des öfteren darüber nachgedacht habe. Habe ich in Persien auch Erinnerungen?

Ein orientalischer Markt ist sehr lebendig und leuchtend bunt. Hier ist alles grau und feucht. Die Stadt erhebt sich aus dem Wasser, die Menschen bestehen aus grauem Schaum.

Es ist toll, im Traum zu fliegen. Auch am Tag stelle ich mir vor, wie es wäre, einen Hechtsprung zu machen: aus dem Fenster, vier Stockwerke tiefer auf dem Dach einer Scheune landen, über den Zaun und fort. In ein Land voller Wärme, Farben, Sonne und kunterbunter Vergnügungen.

*Grüssel. Grrrrm. Wirnichwrm.*

Wie entsetzlich kalt es ist. Wenn in einigen Wochen die Heizung angestellt wird, kann ich mein Ohr vielleicht nicht mehr daran legen. Und nur einen Zentimeter von den Rohren entfernt hört man schon nichts mehr.

Morgen gehe ich zur Schule. Vielleicht treffe ich ja auf eine offene Tram. Die letzte in diesem Jahr. Und wo man umsteigen muß, ist ein Wartehäuschen mit noch weichem Kitt in den Fensterrahmen. Der Kitt läßt sich leicht herauspulen, und man kann damit alles mögliche machen. Er riecht nicht gut.

*Krom josef schon va.*

Nach hinten fallen in weites Schwarz.

»Und dein Vater, was sagt der?«

»Er sagt, daß die Deutschen eine höhere Kultur haben als wir, aber von Hitler in die Irre geführt werden.«

»So? Mein Vater sagt, wenn die Deutschen bei uns anklingeln, dann gibt er ihnen einen gewaltigen Tritt in den Arsch.«

»Mein Vater hat Farbe gekauft von einem Händler in Nordbrabant, der sie aus Belgien geschmuggelt hat. Dann kann er den ganzen Krieg hindurch malen, auch wenn er hundert Jahre dauert.«

»Was malt dein Vater denn? Pudelnackte Weiber?«

»Nackt ist nicht eklig. Es kann auch schön sein.«

»Stimmt. Da hat er recht. Nein, jetzt ist gut, nun halt mal die Klappe. Weißt du noch, die Bilder, die uns die Lehrerin gezeigt hat? Von diesem äh, wie hieß der noch mal wieder ...«

»Rubens.«

»Von diesem Rubens. Ist das etwa nicht schön? Ich finde das nicht eklig.«

»Mein Vater malt ganz anders als Rubens.«

»Also ich finde es trotzdem eklig. Nackte Weiber.«

»Sollen wir noch ein bißchen Festung spielen?«

»Die Glocke läutet schon.«

»Stimmt ja gar nicht. Das ist die Glocke von der öffentlichen Schule.«

»Ihr stellt euch dort hin. Aernout und Tino und Simone und ich greifen euch von hier aus an.«

»Vom grünen Hügel aus.«

»Nein, vom Graben aus.«

»Komm, wir machen es jetzt vom grünen Hügel aus. Das macht viel mehr Spaß.«

»Ja, aber im Graben, da kann man zuerst umzingeln.«

»Und dann legt ihr einen Hinterhalt.«

»Wer ist der Anführer?«

»Ich.«

»Nein, Gerard soll jetzt Anführer sein.«

»Ach, da läutet schon die Glocke. Das ist jetzt unsere. Kommt mit. Gleich nach der Schule spielen wir noch ein bißchen Festung. Oder morgen, in der Mittagspause.«

*Sichertum ver. Hasse Teewasser aufgestellt? Kleckerich. Guck, jetzt klecker ich. Setz dich mal. Mach ich ja. Nein, ich habe keine Schmerzen. Werds ja doch aushalten müssen. Außenrum. Alles voll. Tropft. Überlegsdirerstmal.*

Eine Art Schrei.

Im kühlen Schlafzimmer, es ist Ende August, bricht mir der Schweiß aus. Ersticken. Als ob man mit dem Kopf in nassen Sand gedrückt würde.

Seit Tagen ist die Luft grau, der Himmel hängt ganz niedrig und sperrt alles ab. Menschen in Glaskäfigen mit Stimmen aus Glaswolle spinnen einander ein.

Ich habe eine lange Kolonne deutscher Soldaten gesehen: ein sich windender Wurm mit behaarten Beinen. Sie sangen grob und mit sich überschlagenden Stimmen ihre germanischen Prahllieder. *Und wir fahren, die Fahne hoch,* braun-grau-braun, braun-grau-braun, schwarz ersticke Sand, schwarz ersticke Wasser, blind ersticke Schaum.

Ich habe Mitleid mit ihren dicken Hintern und den komischen bleichen Köpfen, in denen Augen wie Quallen schwimmen. Sie wissen nichts.

Ihre Geschichte ist eine Geschichte, in der es unaufhörlich regnet. *Nibelungen.*

Ich habe ein Buch über Griechenland gesehen bei Jürgen zu Hause. Sein Vater malt: Hunderte von Farbtuben hat er, in Belgien gehamstert für die Zeit des Krieges. Sie haben viele Fotobände, aber der über Griechenland gefiel mir am besten. Alles ist Sonne. Licht und Stille.

Wenn ich Jürgen später heirate, wird er auch malen, und ich schreibe Bücher über Griechenland. Dann wohnen wir auf einem Dachboden und essen weiße Bohnen mit gekochten Zwiebeln aus einem Topf.

Die Freundin seines Vaters hatte das für uns gekocht. Sie trug nur den blauen Morgenmantel von Jürgens Vater. Manchmal öffnete sich der Mantel ein wenig, und man konnte sehen, wie schön sie war.

Später mußten Jürgen und ich den Dachboden verlassen und in das Zimmer in der zweiten Etage gehen, in dem Jürgen schläft. Er ist dort viel allein.

Wir saßen auf dem Bett unter der Dachschräge und sprachen über Griechenland. Es wurde immer dunkler in dem kleinen Zimmer.

Später wird Jürgen ein Modell haben, das für uns kocht, und wir wohnen auf dem Dachboden und heizen den Godin-Dauerbrenner *Qui brûle tout l'hiver* auch im August. Dann haben wir es nie kalt und stellen uns vor, daß wir in Griechenland sind.

Sein Vater fährt manchmal nach Paris, wenn kein Krieg ist, und kommt mit einem neuen Modell zurück. Dann weint die alte Freundin und macht Szenen, und Jürgen sitzt noch länger als sonst allein auf seinem Bett unter der schrägen Wand.

»Im Englischen ist ›Fenster‹ zum Beispiel ›*window*‹, ›Löffel‹ ist ›*spoon*‹, ›Messer‹ ist ›*neif*‹ und wird ›knife‹ geschrieben.« Ich bin erschüttert, wenn Tom mir solche Dinge erzählt. Nichts weiß man sicher, alles gerät ins Wanken, wenn die Wörter ihre vertraute Bedeutung verlieren. Für die Engländer ist unsere Sprache eine Fremdsprache, sagt er. Unsere Wörter klingen für sie komisch.

Wir sitzen unter einem Tisch, der mit Matratzen beladen ist. Die niederländische Verteidigung gegen Wohnhäuser bombardierende Deutsche und später gegen die Stadt überfliegende alliierte Bomber, die manchmal abstürzen. Wir haben die Luftabwehrhöhle sofort als Platz zum Spielen annektiert, für die Zeit, in der kein Fliegeralarm gegeben wird. Tom spielt dort mit seinen Tieren, liest *Dr. Dolittle* und bringt mir Englisch bei.

Sein Vater, Onkel Jaap, will, daß er Englisch lernt.

Sie wollen versuchen, ein Fischerboot zu kaufen, das sie noch nach England bringt. Es ist zwar schon sehr spät dafür, in den Wirren der ersten Besatzungstage war so etwas eher möglich. Aber in Erwartung des Kaufs verlangt Onkel Jaap (»ein Perfektionist«, sagt meine Mutter voll bitterer

Bewunderung), daß seine Familie schon einmal die englische Sprache lernt.

»*Table*«, sagt Tom triumphierend.

»Und eine Matratze? Wie heißt die auf Englisch?« frage ich.

Er wird rot. »Eine Matratze ... die haben sie da, glaube ich, nicht. Sie schlafen nicht auf Matratzen, sondern auf Gummipolstern oder in Hängematten.«

»Jetzt lügst du aber«, sage ich, froh, daß ich endlich meine Bestürzung loswerden kann.

»So? Ich lüge? Mein Vater hat es aber selbst gesagt.«

Das ist der Anfang eines Streits. Einer der zahllosen Streitigkeiten, die wir mit der Faust zu entscheiden pflegen.

»Komm doch mit in den Garten und kämpf mit mir, wenn du unbedingt willst«, sagt Tom.

Aber in diesem Moment beginnt der Fliegeralarm, und die Erwachsenen, zuerst Tante Ilse, dann Onkel Jaap, kriechen zu uns unter den Tisch mit den Matratzen, versperren uns mit ihren großen Körpern den Ausgang, machen es dunkel und beklemmend eng.

»C und a ist ka, c und o ist ko, c und u ist kü. Ka, ko, kü. C und e ist ce, c und i ist ci. Ce, ci. Ka, ko, kü, ce, ci. « Die Klasse leiert die französischen Ausspracheregeln herunter. In dieser Schule müssen wir öfter solche Litaneien aufsagen. Die Grafen von Holland hat man uns auch so beigebracht: »Dirk Dirk Aernout, Dirk Dirk Flo, Dirk Flo, Dirk Flo, Dirk Arnout Willem Flo, Willem Flo und Jan.«

Damit wir es uns für immer einprägten.

»Jetzt noch einmal, Kinder«, sagt Frau Geelkerken, die dicke Französischlehrerin.

»C und a ist ka, c und o ist ko, c und u ... «

»Darf ich kurz stören?« Unsere Klassenlehrerin kommt herein.

»Simone, Fred und Martin, kommt ihr mal bitte mit? Es geht doch für einen Moment, nicht wahr, Frau Geelkerken? Es ist dringend.«

Sie geht auf Frau Geelkerken zu und flüstert vor der Klasse mit ihr; beide haben den Rücken den Schülern zugewandt. Das war's, ich weiß es. Schon seit Tagen habe ich das Gefühl, daß ich nicht mehr lange in dieser Schule sein werde. Nun ist es soweit. Wir gehen durch den langen Korridor, der so angenehm riecht. Ich würde gern einmal die Treppe hinaufgehen, in den ersten Stock, wo nun eine andere Schule einquartiert ist. Ob es da wohl anders riecht?

Wir werden ins Zimmer des Rektors gelassen. Verunsichert stehen wir zu dritt nebeneinander.

Herr Vogelhuis, ein hagerer, blonder Vegetarier, sieht uns mitfühlend an.

»Kinder, ich habe eine unangenehme Nachricht für euch. Unsere Besatzer haben einen Befehl erlassen, daß Kinder jüdischer Abstammung künftig in separaten Schulen unterrichtet werden müssen. In jüdischen Schulen also. Ich finde das sehr unerfreulich.

Ihr wißt, es ist meine Überzeugung, daß alle Menschen gleich sind. Ich finde es grundverkehrt, jüdische Kinder in separate Schulen zu schicken. Aber es ist ein Gesetz, und wir müssen uns daran halten. Die Deutschen lassen nicht mit sich reden.

Ich werde Kontakt mit euren Eltern aufnehmen und mit ihnen beraten, welche jüdische Schule ihr am besten besucht. Im Augenblick gibt es noch keine in Wasserstadt, aber es wird bestimmt bald etwas organisiert, ich nehme an, in Privatwohnungen.

Ich hoffe, daß der Krieg bald vorbei ist, und versteht mich nicht falsch: Zufällig seid ihr alle drei sehr gute Schüler, aber ich würde euch auf jeden Fall gern so bald wie möglich hier wiedersehen. Möge es euch gut ergehen.«

Er gibt uns die Hand. Dann begleitet uns die Lehrerin zurück durch den Korridor. Vor der Tür zum Klassenzimmer läßt sie uns stehen.

»Wartet hier mal kurz. Ich hole eure Sachen aus den Fächern. Es scheint mir besser, wenn die anderen Kinder nichts merken.«

Während wir warten, bis sie unsere Fächer geleert hat, hören wir die Klasse singen:

*Marlb'rou s'en va t'en guerre,*
*Mironton, mironton, mirontaine.*
*Marlb'rou s'en va t'en guerre,*
*Ne sait quand reviendra.*
*Ne sait quand reviendra!*
*Ne sait quand reviendra!!*

Der Refrain in einem hohen, hysterischen Kreischton.

Frau Cohen unterrichtet uns in einem Zimmer, in dem wir zu acht um den Eßtisch sitzen. An die Schiebetür ist eine Schultafel gelehnt. Sie tut mir leid. Seit Jahren war sie nicht mehr Lehrerin, sondern Hausfrau. Sie weiß noch alles, kann es aber nicht so gut erklären wie richtige Lehrerinnen.

Oft wird während des Unterrichts an der Tür geläutet, und dann muß sie ein paar Worte mit dem Milchmann oder dem Bäcker wechseln, denke ich. Oder dürfen sie keine Juden mehr beliefern? Vielleicht hat sie jüdische Lieferanten.

Wenn sie zu uns zurückkommt, merkt man ihr an, daß sie es genossen hat, für ein paar Minuten nicht mehr unterrichten zu müssen. Wir kommen alle von verschiedenen Schulen. Wir haben verschiedene Dinge mit Hilfe verschiedener Methoden gelernt. Sie hat es sehr schwer mit uns.

Ich lerne nicht viel von ihr, tue aber so als ob, damit sie glauben kann, daß sie ihre Sache gut macht. Wie lange wird diese Schule dauern? Jeden Augenblick kann etwas geschehen. Vielleicht gehen wir noch nach England, vielleicht tauchen wir unter, vielleicht werden wir eingesperrt. Vielleicht lassen sich die Deutschen erst noch eine andere Schule für uns einfallen: im Gefängnis oder so.

Ich würde gern blond und evangelisch sein, sechs Jahre die gleiche Grundschule besuchen und immer wissen, was in der nächsten Woche geschieht.

Unerwartet kommt Mutter ins Schlafzimmer, während ich mein Ohr an das Heizungsrohr presse und lausche. Ich schrecke hoch.

»Was machst du da?«

»Nichts. Es gurgelt so komisch in der Heizung.«

»Zieh mal deinen Morgenmantel über und komm zu uns.«

Ob es etwas Erfreuliches ist? Etwas Schlimmes? Zögernd gehe ich ins Wohnzimmer und blinzele in das grelle Licht. Vater sitzt in dem Sessel beim Fenster, Mutter bleibt beim Teetisch stehen.

»Hast du schon geschlafen?« fragt Vater.

»Nein, noch nicht. Was ist denn?«

»Mutter und ich müssen dir etwas sagen. Du weißt, daß Onkel Jaap und Tante Ilse mit Tom nach England wollten, mit einem Fischerboot?«

»Ja, Vater.«

»Das ist nicht mehr geglückt. Sie sind verhaftet worden.«

»Oh.«

»Die Lehrerin, die euch jetzt unterrichtet, Frau Cohen, ist mit ihnen verwandt. Als sie es gehört hat, war sie so erschrocken, daß sie sofort mit ihrer ganzen Familie untergetaucht ist.«

»Ja, Vater.«

»Wir werden vielleicht auch ein Versteck für dich suchen. Bis dahin gehst du noch für kurze Zeit in eine andere jüdische Schule, bei Frau Presser in der Stationstraat.«

»Und Mutter und du? Taucht ihr nicht unter?«

»Wir wollen schon, aber ich muß noch sehen, wie wir das hinkriegen. Auf jeden Fall finden wir es sicherer, wenn du ohne uns untertauchst. Wenn etwas geschieht, verhaften sie uns wenigstens nicht alle zugleich.«

»Aber dann bin ich allein, und ihr seid zusammen.«

»Wir müssen das Risiko ein wenig aufteilen. Aber vorläufig gehst du hier noch in die andere jüdische Schule.«

»Glaubst du, daß Tom und Onkel Jaap und Tante Ilse noch zurückkommen?«

»Ich weiß es nicht, Kind. Ich weiß es nicht. Geh jetzt schlafen.«

Also Onkel Jaap (»ein Perfektionist«) und Tante Ilse (jeden Monat Migräne) sind verhaftet worden. Mit Tom werde ich nicht mehr kämpfen.

Ich stelle mir vor, daß sie jetzt in einer Art Scheune leben: Bettenreihen entlang jeder Wand, zwei- oder dreistöckig.

Ein bewaffneter deutscher Soldat auf Wache vor der Tür. Was machen sie wohl den ganzen Tag? Ob Tom mit seinen Tieren spielen darf? *Dr. Dolittle* lesen? Oder ob er arbeiten muß?

Im kalten Schlafzimmer sehe ich eine Winterlandschaft vor mir: Berge, Wälder und Schnee. Vielleicht sogar Wölfe und Bären. Lange Reihen von Gefangenen, zu beiden Seiten deutsche Bewacher mit Gewehren, transportieren Holz auf Schlitten. Ist Tom unter ihnen? Ist so ein Konzentrationslager?

Ob Tom manchmal an mich denkt?

Ich vergesse, weiter an der Heizung zu lauschen, und schlafe verweint ein.

Die neue jüdische Schule ist besser. Wir dürfen nun nicht mehr mit der Tram fahren, also laufe ich zweimal täglich durch Wasserstadt eine Stunde hin, eine Stunde zurück. Es ist der Mühe wert. Es gibt dort zwei Lehrerinnen, und unsere ist steinalt, fast siebzig, aber sie kann ungeheuer gut unterrichten.

Ich habe zwei neue Freunde: Maurits und Werner. Mit Maurits erlebe ich Abenteuer, doch Werner ist mein bester Freund.

Manchmal nimmt Fräulein Presser uns drei beiseite und bringt uns Sachen bei, die eigentlich erst in der Oberstufe dran sind: Physik, Astronomie.

Wir dürfen so hart arbeiten, wie wir nur möchten, und machen enorme Fortschritte. Unangenehm ist nur, daß wir auch Turnen haben, für Jungen und Mädchen getrennt. Zu Beginn der Stunde müssen wir hintereinander laufen, die Mädchen vorneweg, vom kleinsten bis zum größten, und nach dem größten Mädchen kommt dann der kleinste Junge. Für die Gymnastikübungen müssen sich Mädchen und Jungen auch ziemlich weit voneinander aufstellen. Ich bin das zweitgrößte Mädchen, aber ich strecke mich, drängle mich jedesmal hinter Hilda und stelle mir dann vor, daß ich der vorderste der Jungen bin. Das ist natürlich Unsinn, denn auch bei den Jungen müßte ich hinten laufen, bei Maurits und Werner und Hugo, aber das geht auf keinen Fall.

Bei den Übungen stelle ich mich auch so hin, daß ich mir einreden kann, zu den Jungs zu gehören. So ist es am wenigsten erniedrigend.

Beim Handarbeiten streike ich. Sonst bin ich immer sehr gehorsam, doch wenn die Handarbeitsstunde anfängt, krieche ich unter meinen Tisch, verstecke mich hinter einem Schrank oder in der Toilette, mache Szenen, sage, daß ich zuerst die Physikaufgaben fertig machen muß. Was in der Turnstunde nicht gelingt, schaffe ich hier: Ich kann die Handarbeitslehrerin erweichen und darf einfach weiterarbeiten, genau wie die Jungen, während die Mädchen mit Stofflappen, Nadel und Faden herumfummeln.

Ich arbeite gern mit Werner zusammen. Er ist der einzige Schüler, der viel intelligenter ist als ich und von dem ich etwas lernen kann. Er arbeitet sehr ernsthaft und sorgfältig und weiß schon sehr viel. Das einzig Gute am Krieg ist, daß ich Werner kennengelernt habe.

## Vorwort

*Pues que Ja batalla fué acabado desaventuradamiente et fueron todos muertos, los unos et los otros [...] finco toda la tierra vacia del pueblo, llena de sangre, bañada de lágrimas.*

Alfonso X el Sabio

Die Ebene war finster und verlassen. Am Horizont, über den niedrigen schwarzen Hügeln, war das rötliche Funkeln des Planeten Mars. Ein kalter Wind schauderte über den Grashalmen, die sich ergeben neigten. Eine Eule hatte sich auf einem kahlen, krummgewachsenen Baum niedergelassen und rief in die Leere. Der Wind heulte, das Gras seufzte, die Bäume ächzten.

Auf der Ebene befanden sich hier und da schwarze Verdichtungen: Gefallene, vornüber oder rücklings der Länge nach gestürzt. Einige, die nach ihren Verwundungen noch gelebt hatten, zusammengerollt wie Föten im Uterus. Ihre Schreie der Kriegslust und der Verzweiflung waren verstummt. Es war still, bis auf den Wind und das Gras und die Eule.

In alle Richtungen waren die Überlebenden auseinandergegangen: jeder für sich zum Horizont, hinter dem sie verschwanden. Wie viele waren es? Wenige. Acht oder neun Einsame.

Es schien, als ob einer der Gefallenen sich bewegte, aber es war das Gras, das über ihm zitterte. Wolken verdeckten nun den Planeten. Es war sehr finster, sehr kalt, schließlich legte sich auch der Wind. Es wurde ganz still.

Am nächsten Morgen ging die Sonne auf. Sie brannte auf die Ebene und die Hügel, drückte die Bäume nieder, versengte das Gras. Die Gefallenen lagen im stillen, heißen Sonnenlicht, erstarrt, aber noch unversehrt.

Nachts war der Planet Mars wieder da, und eine Mondsichel. Auch die Eule saß wieder auf ihrem Baum. Fallwinde kamen von den Hügeln. Danach schien wieder die Sonne. Wieder Nacht.

Am dritten Tag schien die Sonne auf Körper, die zu verwesen begannen. In jener Nacht war der Himmel zum ersten Mal wolkenlos. Er funkelte von Sternen. Es gab kein Geräusch, nichts regte sich unter der Kuppel aus Licht und Stille.

Zwanzig Jahre nach dem weitestgehend autobiographischen Roman *Knabenzeit* berichtet Andreas Burnier in *Krieg* erneut über die Zeit der Verfolgung in den Niederlanden.

Diese Erzählung folgt an Stelle eines Nachworts und wurde, um einige spezifisch niederländische Informationen nachzutragen, mit Fußnoten versehen.

# Krieg

Erinnerung ist immer subjektiv. Annemarie, eine nichtjüdische Frau ungefähr in meinem Alter, also Anfang der Drei-
ßiger geboren, erzählte mir einmal folgendes. Sie wuchs in
einer katholischen Familie in Nordbrabant* auf, erlitt also
während des Krieges nur das kleine Ungemach. Ihre Schluß-
folgerung lautete: »Wenn ein Kind drei Jahre alt wird, darf
es plötzlich nicht mehr den ganzen Tag daheim bleiben,
sondern muß in den Kindergarten gehen. Wird es sechs,
darf es nicht mehr im Kindergarten spielen, sondern muß
in der großen Schule lernen. Und wenn es acht wird, ist kein
Frieden mehr, sondern es bricht Krieg aus.«

Fürwahr ein trauriger Kindergedanke; unvorstellbar ist
jedoch, daß ich als jüdisches Kind gleichen Alters derart
naiv geblieben wäre. Schon lange bevor die Deutschen 1942
mit den großen Razzien auf niederländische Juden begannen, war ein Onkel von mir – ein junger, gesunder, kräfti-
ger Mann aus einem Dorf in der Provinz Gelderland – nach
Mauthausen deportiert worden und dort nach kurzer Zeit

---

* Provinz im Süden der Niederlande mit überwiegend bäuerlicher Bevölkerung.

in den Steinbrüchen umgekommen. Ich konnte schwerlich annehmen, daß so etwas für jedes Kind zum Erreichen des zehnten Lebensjahres gehört.

Meine Geschichte ist eine völlig andere.

Vom Sommer 1942 bis Mai 1945, von meinem elften bis zu meinem dreizehnten Lebensjahr, war ich drei Jahre lang – getrennt von meinen Eltern, deren einziges Kind ich war – in zahllosen Verstecken untergetaucht, immer wieder auf der Flucht vor den Deutschen, mich stets vollkommen anderen Verhältnissen anpassend. Fast immer fühlte ich mich einsam, gehetzt und elend. Dennoch war ich mir bewußt, wie unwesentlich meine Erfahrungen im Vergleich zu dem Leid der Kinder und Erwachsenen waren, die sofort in die Konzentrationslager in Polen abtransportiert oder nach kurzer oder längerer Zeit des Untertauchens verraten und deportiert wurden. Also fand ich, daß ich noch relativ privilegiert war und deshalb keinerlei Recht auf »großen Schmerz« hatte.

An den erschütterndsten Augenblick in der Zeit des Untertauchens als jüdisches Kind während der deutschen Besatzung kann ich mich kaum erinnern. Es muß wohl, so um meinen elften Geburtstag, der Abschied von meinen Eltern gewesen sein, dessen Tragweite ich durchaus spürte. Weil die Gefühle jedoch stärker waren, als ich mir eingestehen konnte, hat mein Gedächtnis sie sofort zum größten Teil ausgelöscht.

Eine Lehrerin aus meiner früheren Grundschule (in die ich wegen meiner jüdischen Abstammung schon seit einem Jahr nicht mehr gehen durfte) brachte mich zu einer »Adresse« in Eindhoven. Sicherheitshalber würden meine Eltern kurz danach gemeinsam irgendwo anders untertauchen – bei einem Niederländisch-Reformierten Pfarrer* in einem abgelegenen Pfarrhaus irgendwo auf der Veluwe**.

Was haben meine Eltern und ich in dieser Situation zueinander gesagt? Bestimmt nicht, daß ich »für eine Weile irgendwo auf Besuch« ging. Dafür wußte ich bereits zu viel. Zweifellos ist zur Sprache gekommen, daß wir zu unserer Sicherheit nun eine Zeitlang keinen Kontakt miteinander haben durften. Ich bekam ausführliche Instruktionen mit auf den Weg. Wenn mich irgendwo auf der Straße ein Polizist oder ein Deutscher nach meinem Namen und meiner Adresse fragte, so sollte ich in Zukunft sagen, daß ich »Ronnie van Dijk« hieße und in der »Stationstraat« (Bahnhofstraße) wohnte, denn fast jeder Ort nennenswerter Größe hat wohl eine Bahnhofstraße.

Wußten wir drei nicht im Grunde, daß Ausflüchte dieser Art nur einen unzureichenden Schutz vor den Deutschen und ihren Handlangern*** boten, wenn sie Jagd auf jüdische Kinder machten? Jedenfalls ließ es sich keiner von uns an-

***

\* Der Niederländisch-Reformierten Kirche gehörten damals etwa 30 % der Bevölkerung an. Sie war weniger streng als die weltabgewandte Reformierte Kirche, der etwa 9 % der Niederländer angehörten. Als niederländische Besonderheit sei noch bemerkt, daß sich die Katholiken in weltlichen Fragen aufgeschlossener zeigen als die diversen protestantischen Gruppierungen.

\*\* Die Veluwe ist ein waldreiches Gebiet im Osten der Niederlande.

\*\*\* 1931 gründete der in KNABENZEIT erwähnte Ingenieur Anton Adrian Mussert die »Nationaal-Socialistische Beweging«. Nach der Besetzung verbündete sich die anfangs faschistisch, nicht antisemitisch orientierte NSB mit den deutschen Nationalsozialisten. Mussert wurde 1942 vom deutschen »Reichskommissar« Seyß-Inquart zum »Führer des niederländischen Volkes« ernannt, ein Ehrentitel ohne politische Funktion. 1946 wurde er in Den Haag hingerichtet.

merken. Für wie lange würden wir von nun an getrennte Wege gehen? Niemand wußte es vorauszusagen. Der Krieg konnte noch einen Monat dauern, ein Jahr, zehn Jahre, wer wußte das? Und wer von uns würde durchkommen? Auch das konnte keiner sagen.

Meine Eltern, damals 39 und 36 Jahre alt, haben mir, der elfjährigen Sechstkläßlerin, in erster Linie also mit praktischen Ratschlägen Lebewohl gesagt. Und sonst? Mit nichts als guten Ratschlägen und Wünschen? »Sei immer höflich und hilfsbereit. Bleib gesund.«

Waren wir bei unserem Abschied äußerlich gefaßt? Oder haben wir geweint? Und wo geschah es: irgendwo im Haus, in der kleinen Wohnung im Obergeschoß, gegen die wir, um weniger aufzufallen, unser weißes Haus am Meer getauscht hatten? Nahm mich die Lehrerin anschließend im Zug von Den Haag nach Eindhoven mit? In diesem Falle war der gelbschwarze »Judenstern«, den wir gut sichtbar an unserer Kleidung tragen mußten, zweifellos von meiner Jacke oder meinem Kleid entfernt worden.

Und was geschah, als ich in Eindhoven ankam? Bei wem wurde ich zunächst untergebracht? Mußte ich dort im Haus bleiben oder durfte ich noch nach draußen? Ich erinnere mich nahezu an nichts, und jeder Versuch, tiefer in dieses schwarze Loch einzudringen, weckt Abwehr und große Angst.

Meine Erinnerung setzt erst ein, als ich mich im Haus eines, wohlgemerkt, deutschen Philips-Ingenieurs befinde, der mit einer jüdischen Frau verheiratet ist. Mutige, freundliche, aber reservierte Menschen, wie ich feststellte.

Dann, noch keine drei Monate später, findet eine Razzia statt. Als ich von einem Spaziergang durch den Park gegenüber dem Haus zurückkam und klingelte, war das Haus voller Moffen*, was ich natürlich nicht wußte. Die Hausherrin öffnete selbst, während ihr Mann seine Landsleute durch Geplauder ablenkte. Sie stand reglos in der Tür und sagte nichts. Sie starrte mich nur mit großen Augen an, und ihr Blick bedeutete: »Abhauen!«

In Zeiten großer Gefahr gab es manchmal so etwas wie telepathische Verständigung. Den stechenden, bösen Blick verstand ich sofort. Auch ich sagte nichts und machte blitzschnell kehrt.

Damit begann für mich eine halbjährige Odyssee von einem Unterschlupf zum nächsten, von Eindhoven** über Amersfoort und Harderwijk nach Eibergen. Danach zwei Jahre Slagharen in Nord-Overijssel und zum Schluß noch einige Monate in Heerde und Epe im nördlichen Teil der Veluwe, aber das ist eine andere Geschichte.

Anscheinend war es während des Krieges immer irgendwie kalt: nicht nur in den Wintern, diesen endlosen, furchtbar strengen Kriegswintern, in denen das Wasser in der Waschschüssel gefror und man auf dem Ijsselmeer Schlittschuhlaufen konnte, sondern zu allen Jahreszeiten. Außerdem ist in meiner Erinnerung so gut wie nie geredet worden. Aus all den langen Jahren sind mir nur einige wenige Sätze

---

\*     Moffen: Schimpfwort für die Deutschen

\*\*   In KNABENZEIT wird, für niederländische Leser leicht erkennbar, Eindhoven mit »Lichtstadt« umschrieben. »Sanddorf« steht für die Dörfer der Veluwe, »Fenndorf« für die Dörfer der ländlichen Provinz Overijssel, »Mauerstadt« für das mit historischen Befestigungsanlagen umgebene Amersfoort und »Wasserstadt« für Den Haag.

im Gedächtnis geblieben.

Aus meinem nächsten Versteck in Amersfoort – unweit eines grauenerregenden Konzentrationslagers, wie ich wußte – mußte ich wegen einer Razzia wieder fliehen. Ich landete bei einem älteren Ehepaar, in dessen Haus noch mehrere erwachsene Verwandte lebten. Einige von ihnen waren untergetaucht, um dem »Arbeitseinsatz« in Deutschland zu entgehen. Da war für ein Kind auch noch Platz.

Niemand kümmerte sich dort groß um mich. Die deutsch-jüdischen Eheleute in Eindhoven hatten mich, obwohl ich nicht zur Schule konnte oder durfte, noch wie ein Kind neben den eigenen Kindern behandelt. Nun war ich plötzlich eine Art elfjährige »Untermieterin« geworden, jedoch ohne Schulunterricht oder Arbeit.

Allein ging ich, außerhalb der Schulzeiten, oft durch die Innenstadt von Amersfoort, was mir erlaubt war. Am liebsten suchte ich die alten Wallanlagen auf. Ich stellte mir dann vor, in einer anderen Zeit zu sein, und spielte »Mittelalter«, selbstverständlich so, daß kein Passant es bemerken konnte.

Allein saß ich während der Zeit, in der andere Kinder zur Schule gingen, stundenlang in meinem Zimmer und schrieb geheime Geschichten in ein Heft, das ich unter meiner Matratze verbarg. Die Geschichten handelten ebenso wie meine Tagträume bei den Spaziergängen von einem imaginären Freund: einem eingekerkerten Prinzen.

Allein saß ich zwischen den acht Erwachsenen beim Abendessen am Tisch, und ebenso allein lauschte ich abends, bevor ich beschloß, schlafen zu gehen – denn niemand zwang mich dazu –, der Musik, die sie auf ihren Gitarren machten.

Nachts schlief ich allein, während sich die Erwachsenen paarweise zusammentaten.

Dann kam die zweite Razzia. Ein junger Schwiegersohn der Familie, der sich zufällig zu einem kurzen Besuch dort aufhielt, floh mit mir in der Nacht auf dem Fahrrad zu seinem Haus in Harderwijk. Seine Frau wollte eigentlich keine Untergetauchten aufnehmen. Sie hatte berechtigte Furcht vor den Repressalien der Deutschen, wenn etwas schiefgehen sollte, etwa durch Verrat. Aber Not kennt kein Gebot, selbst das einer furchtsamen Ehefrau nicht.

Jung, wie ich war, hatte unsere nächtliche Radtour über Schleichwege und durch Wälder von Amersfoort nach Harderwijk für mich auch etwas Romantisches. Es war ein wenig wie die Abenteuer in den Jungenbüchern, die ich verschlungen hatte, als ich noch daheim bei meinen Eltern in Den Haag lebte. Zugleich wußte ich, daß dies keine Kinderbuch-Romantik war, kein Jungenabenteuer, sondern lebensgefährlicher Ernst.

Trotz der Einwände der Frau, die selbst keine Kinder hatte, durfte ich einige Wochen oder Monate in Harderwijk bleiben. Auch hier war ich wieder allein. Der Mann arbeitete tagsüber als Lehrer. In diesen Stunden stromerte ich bei den in den vierziger Jahren noch unversehrten Kais, Toren und Stadtmauern des Fischerortes herum, denn die Frau konnte es nicht leiden, wenn ich ihr während der Hausarbeit »in die Quere kam«. Die Mauer- und Torreste von Harderwijk erinnerten mich an die größeren Mauern und Türme von Amersfoort, wohin ich mich nun zurücksehnte. Erst am späten Nachmittag, wenn der Mann von der Schule zurück war, ging ich nach Haus. Meist las ich dann in den sozialistischen Büchern, die ihren Bücherschrank füllten. Oder ich versuchte, Rechen- und Niederländischaufgaben aus den beiden Schulbüchern zu lösen, die ich beim Untertauchen mitgenommen hatte.

Oft hoffte ich, daß mir der Mann, der ja Lehrer war, Unterricht geben würde, aber daraus wurde nichts. Wohl nahm mich das Ehepaar manchmal bei Frostwetter abends mit nach draußen, um die Sterne zu betrachten, oder wir gingen auf dem Ijsselmeer Schlittschuhlaufen. Und übers Wochenende schickten sie mich einige Male zu einem Bekannten, einem Gemüsehändler in Hattum.

Ich gestattete mir nicht, eine solche zusätzliche Ortsveränderung schrecklich oder beängstigend zu finden. Höflich ging ich nach Hattum »auf Besuch«. Dort, auf dem ungeheizten Dachboden über dem Laden, wo das Thermometer einige Grade unter Null anzeigte, fror ich nachts noch mehr. Aber ich beschloß mit kindlicher Magie, daß nichts mir etwas anhaben könnte. Am grauen, frostkalten Morgen blies ich ein Guckloch in das vereiste Dachfenster und zerschlug das Eis im Waschkrug mit der Hacke meines Schuhs, um mich waschen zu können.

Nach solch einem Wochenende bei der Gemüsehändlerfamilie, deren Dialekt ich kaum verstand, war ich froh, wieder wie gewohnt sicher im Harderwijkschen Lehrerhaus zu sein, wo es wenigstens ein paar Bücher gab, wo es nicht ganz so kalt war und von wo ich den Weg zu den Kais kannte.

Wahrscheinlich wurden die Ängste der Frau und ihre Einwände gegen das Risiko, ein untergetauchtes jüdisches Kind zu beherbergen, dem Mann nach einiger Zeit doch zuviel. Eines Tages bat er mich, die Elfjährige, Verständnis für die Sorgen seiner Frau aufzubringen und gemeinsam mit ihnen über eine andere, kurzfristige Lösung nachzudenken.

»Kann ich nach Hattum?« fragte ich mit gepreßter Stimme.

Nein, selbst das ging nicht. Mal ein Wochenende dort war in Ordnung, aber der ständige Aufenthalt eines Kindes war für die hart arbeitende Kaufmannsfamilie unzumutbar.

Ich geriet in ziemliche Panik. Den Haag war vorbei, Eindhoven war vorbei, Amersfoort war vorbei, nun war Harderwijk vorbei. Wenn weder ihm noch mir unverzüglich »eine Adresse« für mich einfiel, was dann?

Würden mich diese Leute vielleicht, weil sie keinen anderen Ausweg wußten, wenn auch mit tausend Entschuldigungen, den Deutschen übergeben?

Nun erinnerte ich mich daran, daß ich vor dem Krieg oft in kleinen Dörfern in der gelderländischen »Achterhoek« zu Besuch gewesen war; dort hatten damals Verwandte, Freunde und Bekannte meiner Mutter gewohnt. Es gab dort einen Arzt, der meine Mutter kannte. Er war immer sehr nett zu mir gewesen, und darüber hinaus war er eine gelehrte Autorität. Dieser Arzt war kein Jude, würde also nicht von den Deutschen verfolgt und wüßte vielleicht Rat.

Im Grunde meines Herzens zweifelte ich jedoch daran. Warum sollte ausgerechnet dieser Arzt keine Angst haben? Warum sollten die Menschen, die nun noch in dieser Gegend lebten, für mich ihr Leben aufs Spiel setzen? Aber es war, als ob ein älteres Wesen in mich gefahren wäre; mit übertriebener Zuversicht behauptete ich, dort auf der anderen Seite Gelderlands einige Menschen zu kennen, die ganz bestimmt eine Untertauchadresse für mich hätten. Wenn wir erst einmal dort wären und Doktor van der Beek gefunden hätten – denn ich wußte nicht mehr genau, in welchem Dorf er lebte –, brauchten wir uns nur noch zwischen den verschiedenen Möglichkeiten zu entscheiden. Heimlich dachte ich, daß ich selbst dann, wenn alles mißlingen sollte – wir den Arzt nicht fänden oder er uns nicht helfen könnte –, auf jeden Fall wenigstens eine Gnadenfrist von ein oder zwei Tagen hätte, bis sie mich in ihrer Ratlosigkeit den Deutschen übergeben würden.

Ich hatte meine Geschichte sehr überzeugend vorgebracht. Alle waren erleichtert, auch ich, denn ich begann unmerklich an meine eigene »Lösung« zu glauben. Ich hatte es immer genossen, von Den Haag aus in die herrliche, ländlich-gemütliche gelderländische Achterhoek zu fahren. Dort würde es nun bestimmt so wie früher werden.

An einem frühen Wintermorgen radelten der Mann und ich gemeinsam vom Veluwerand zur Achterhoek. Die größeren Orte mieden wir. Schließlich kamen wir in die Dörfer, in denen früher meine Verwandten mütterlicherseits in freundlichen, manchmal geräumigen Häusern mit großen Gärten, Dachböden, Kellern und Gartenlauben gelebt hatten. Aber überall wohnten nun Fremde, und wir wagten es nicht, einfach irgendwo zu klingeln. Das Haus, in dem die nichtjüdische Gemeindeschwester wohnte, bei der ich die Adresse des Arztes erfragen wollte, gehörte ihr noch, aber sie war an jenem Tag nicht daheim.

Als es dunkel wurde, radelten wir weiter nach Winterswijk, wo der Mann eine Gaststätte kannte, die auch Zimmer vermietete. Dort könnten wir sicherlich übernachten, meinte er. Am nächsten Tag würden wir dann weitersuchen.

Ich hatte noch nie eine Gaststätte besucht und fand es sehr aufregend, mit meinem Begleiter an den Billard spielenden und trinkenden Männern vorbei nach oben zu gehen, wo wir alles noch einmal durchsprachen. Man hatte uns ein großes, aber unbeleuchtetes Zimmer über der Wirtsstube gegeben.

Wir hatten uns als Vater und Tochter eintragen lassen – Wim und Ronnie van Dijk aus Apeldoorn –, aber auf dem Zimmer sprach ich meinen Reisegefährten natürlich wieder wie gewohnt mit »Mijnheer« an. Er war noch jung, Mitte zwanzig, denke ich heute, und fragte mich in seiner Unsicherheit tausend Dinge. Ob ich glaubte, daß es uns morgen gelingen würde, den Arzt oder jemand anderen zu finden und ein geeignetes Versteck für mich in Erfahrung zu bringen? Wo meine Verwandten mütterlicherseits geblieben seien? Alle festgenommen oder auch untergetaucht?

Zur Beruhigung unserer Nerven spielten wir noch einmal systematisch alle Möglichkeiten durch. Ich war dabei stets darauf bedacht, alles so positiv und chancenreich wie nur möglich darzustellen. Unterdessen hörten wir unter uns, durch die dünnen Dielen des Fußbodens, das dumpfe Gebrabbel der bäuerlichen Männerstimmen, das Klirren der Gläser, das Klacken der Billardkugeln.

Nachdem wir so eine Stunde lang geredet hatten, legten wir uns in zwei der vier Betten, die an den Wänden standen, und fielen erschöpft in Schlaf. Wie lange wir geschlafen hatten, weiß ich nicht, aber plötzlich schreckte ich dösig und verwirrt hoch. In unserem Zimmer stand ein Mann: eine finstere Gestalt in der Dunkelheit. Er ignorierte mich oder sah nicht, wo ich lag, und stieß meinen Reisegefährten an.

»Hör mal, ich muß dir was sagen.«

»He, was denn? Was ist los?« Erschrocken fuhr auch mein Begleiter hoch.

Nun erkannte ich an den Umrissen der Gestalt, die unser

Zimmer betreten hatte, den Gastwirt.

»Hör mal zu. Ich habe gewartet, bis alle weg sind. Ich komme dich warnen. Ich konnte unten hinterm Tresen alles mithören, was ihr hier oben besprochen habt. Ich weiß jetzt, daß das Mädchen, das du bei dir hast, gar nicht deine Tochter ist. Das wäre auch nicht möglich: Du bist viel zu jung. Es ist ein jüdisches Mädchen, nicht wahr, das du in diese Gegend gebracht hast. Und das muß ich nun mal melden. Aber wenn du jetzt schleunigst von hier verschwindest, dann melde ich es erst, wenn ihr schon ein Stück weiter seid. Ich möchte so ein Kind lieber nicht auf dem Gewissen haben, verstehst du.«

Als der Wirt wieder nach unten gepoltert war, zogen wir uns an. Es war drei Uhr nachts. Um die Frau des Wirts nicht zu wecken, schlichen wir so leise wir konnten nach unten und aus der Gaststätte, durch den nun leeren Schankraum, der nach schalem Bier, Zigarettenasche und Männern roch.

Am Baum neben der Gaststätte lehnten noch unsere Räder. Es war mindestens acht Grad minus. Wir bliesen in die Hände, banden den kleinen Koffer mit meinen Kleidern und den zwei Schulbüchern auf meinen Gepäckträger und radelten in die Nacht, in die Wälder um Winterswijk.

Wenn man elf wird, muß man nachts durch Gelderland radeln.

*Andreas Burnier*

Fotos: © privat; Mieke Hille

**ANDREAS BURNIER** wird 1931 in eine liberal-jüdische Familie in Den Haag als Catharina Irma Dessaur geboren. Von 1942 bis 1945 wird sie von ihren Eltern getrennt und unter dem Namen Ronnie van Dijk bei verschiedenen Familien versteckt.

Nach dem Krieg besucht sie eine Schule in Den Haag und studiert ab 1949 Medizin und Philosophie in Amsterdam, was sie jedoch nicht abschließt. 1953 heiratet sie den Verleger J.E. Zeijlmans van Emmichoven, ihre beiden Kinder werden geboren. Nach der Scheidung 1961 beginnt sie in Leiden wieder zu studieren und promoviert 1971 in Kriminologie. Während ihres zweiten Studiums veröffentlicht sie unter ihrem literarischen Pseudonym Andreas Burnier Erzählungen und ihren ersten Roman *Een tevreden lach* (*Rendezvous bei Stella Artois*) in dem sie sich zu ihrer Homosexualität bekennt.

Als Pionierin der zweiten feministischen Welle nimmt sie nicht selten sehr kontroverse Positionen ein und kämpft in vielen Artikeln und Essays leidenschaftlich für die Rechte von Homo- und Transsexuellen. Sie beschreibt das Unglück, in einen weiblichen Körper geboren zu sein, und setzt auf die zivilisatorische Kraft des Feminismus.

Von den Kritikern gelobt folgen in ihrem literarischen Werk weitere Erzählungen, Gedichte und 1969 der Roman *Het jongensuur (Knabenzeit)*. Nach einer Anstellung am Institut für Kriminologie in Leiden arbeitet sie von 1973 bis 1988 als Professorin für Kriminologie an der Universität Nijmegen. Ab 1983 lebt sie zusammen mit der Publizistin und Bibliothekarin Ineke/Daniel van Mourik.

Neben der Homosexualität ist ihr Judentum ein sie immer wieder bewegendes Lebensthema, wie etwa in dem Roman *De wereld is van glas* (1997). In ihren letzten Lebensjahren unterstützt sie den Aufbau des jüdischen Weiterbildungszentrums Crescas.

Andreas Burnier stirbt 2002 im Alter von 71 Jahren.

# Niederländische Literatur bei Wagenbach

## Wytske Versteeg  BOY
Roman

Ich kann nicht mehr. Den Zettel mit seinen letzten Worten deponiert der schöne, stille Boy in der Manteltasche seiner Theaterlehrerin. Als sie ihn findet, ist es längst zu spät.

*Aus dem Niederländischen von Christiane Burkhardt*
*WAT 755. 240 Seiten*


## Cees Nooteboom  TURBULENZEN
Reisegeschichten

Mit 17 Jahren unternimmt Cees Nooteboom seine erste Reise von Hilversum nach Belgien. Unzählige weitere Reisen folgen, ob nach Ost-Berlin zum Parteitag der Kommunisten oder in seinen vielgeliebten Süden.

*Aus dem Niederländischen von Helga van Beuningen*
*WAT 756. 112 Seiten*


## Marcel Möring  MODELLFLIEGEN
Novelle

Mitten in der Arbeit an einem umfangreichen Roman fällt Marcel Möring eines Morgens ein Satz ein, der ihn nicht mehr loslässt. So entsteht diese Novelle über einen Jungen, der seine Eltern, Modellflugzeuge und das Kochen liebt.

*Aus dem Niederländischen von Helga van Beuningen*
*WAT 757. 128 Seiten*


## Anna Enquist  DIE EISTRÄGER
Roman

Die unterkühlte Ehe von Loes und Nico ist am Ende. Ihre Tochter hat den Kontakt zu ihnen abgebrochen. Verwirrt, haltlos, schweigend schlittern die beiden Partner in eine Tragödie hinein, die für einen von beiden aber auch so etwas wie ein Neuanfang sein könnte.

*Aus dem Niederländischen von Hanni Ehlers*
*WAT 758. 144 Seiten*


## Harry Mulisch  SCHWARZES LICHT
Roman

Im Nachruf auf Harry Mulisch schrieb Cees Nooteboom, er ziehe dessen Roman *Schwarzes Licht* seinen berühmteren Texten vor.

*Aus dem Niederländischen neu übersetzt von Gregor Seferens*
*WAT 760. 144 Seiten*

Wenn Sie mehr über den Verlag oder seine Bücher wissen möchten, schreiben Sie uns eine Postkarte oder E-Mail (mit Anschrift und E-Mail-Adresse). Wir verschicken immer im Herbst die *Zwiebel*, in der wir Ihnen unsere neuen Bücher vorstellen. *Kostenlos!*

Verlag Klaus Wagenbach    Emser Straße 40/41    10719 Berlin

www.wagenbach.de